Steffen Ettwein

Die Essenz des Einkaufserfolgs

Mensch, Methode und Strategie für Spitzenleistung

Impressum

Bibliografische Information der Deutschen Nationalbibliothek: Die Deutsche Nationalbibliothek verzeichnet diese Publikation in der Deutschen Nationalbibliografie; detaillierte bibliografische Daten sind im Internet über dnb.dnb.de abrufbar.

Verlag: BoD · Books on Demand GmbH, Überseering 33, 22297 Hamburg, bod@bod.de
Umschlaggestaltung, Satz und Layout: Sarah Denecken
Druck: Libri Plureos GmbH, Friedensallee 273, 22763 Hamburg

ISBN: 978-3-8192-9513-3

Unterstützung durch Künstliche Intelligenz
Dieses Buch wurde mit der Hilfe von Künstlicher Intelligenz (KI) entwickelt. Die KI trug dazu bei, Inhalte zu strukturieren, Texte anzupassen und die Ideen des Autors optimal zu unterstützen. Sie half dabei, Erkenntnisse und Inspirationen im Zusammenhang mit Themen wie Einkauf und Einkaufserfolg zu sammeln und zu analysieren. Die KI wurde als kreatives Werkzeug eingesetzt, um die Möglichkeiten moderner Technologie zu nutzen und das Buch in seiner Konzeption und Umsetzung zu bereichern.

Haftungsausschluss
Obwohl der Inhalt dieses Buches mit größter Sorgfalt recherchiert und zusammengestellt wurde, übernimmt der Herausgeber keine Garantie für die Korrektheit, Vollständigkeit und Aktualität der bereitgestellten Informationen. Jegliche Haftung für Schäden, die durch die Nutzung dieses Buches entstehen könnten, wird ausdrücklich ausgeschlossen.

Inhaltsverzeichnis

Einleitung: Warum dieses Buch?

- **Zweck des Buches: Was bedeutet Einkaufserfolg?** Warum ist es mehr als nur Zahlen und Fakten?

- **Versprechen an den Leser:** Praktische Tipps, Checklisten, emotionale Geschichten, konkrete Aufgaben.

Der Einkauf ist der stille Held eines jeden Unternehmens. Während andere Abteilungen oft im Rampenlicht stehen, arbeitet der Einkauf im Hintergrund – und doch ist er der Dreh- und Angelpunkt für nachhaltigen Erfolg. Dieses Buch beleuchtet eine wesentliche Wahrheit: Der Erfolg des Einkaufs hängt nicht allein von Zahlen, Strategien und Verhandlungen ab, sondern vor allem vom Menschen dahinter. Es ist Ihr Charakter, Ihre Haltung und Ihre Art, Herausforderungen zu meistern, die den Unterschied machen.

Dieses Buch ist für alle, die verstehen möchten, wie sie den Einkauf zu einem strategischen Werttreiber machen können. Es richtet sich an erfahrene Profis, die neue Perspektiven suchen, genauso wie an Einsteiger, die eine solide Grundlage benötigen. Unser Ziel ist es, die Essenz des Einkaufs zu entschlüsseln – die perfekte Symbiose aus menschlicher Intuition und sachlicher Professionalität.

Hier findest Du mehr als nur Theorie. Du findest praktische Werkzeuge, inspirierende Fallstudien und emotionale Geschichten, die verdeutlichen, wie man selbst unter Druck Lösungen findet. Gemeinsam werden wir entdecken, was es wirklich bedeutet, erfolgreich einzukaufen.

Über den Autor

Steffen Ettwein, geboren 1980 in Rottweil, ist ein visionärer Experte im strategischen Einkauf und Lieferantenmanagement. Mit fast zwei Jahrzehnten Erfahrung hat er sich in unterschiedlichsten Branchen, darunter mehr als zehn Jahre in der anspruchsvollen Automobilindustrie, als führender Denker etabliert. Von globalen Konzernen bis hin zu mittelständischen Unternehmen hat Steffen Ettwein mit seiner Expertise in strategischem Einkauf, Lieferantenmanagement und Prozessoptimierung zahlreiche Projekte erfolgreich beendet. In dieser Zeit entwickelte er herausragende Verhandlungskompetenzen sowie ein tiefes Verständnis für die komplexen Herausforderungen des Einkaufs. Seine innovativen Ansätze zur Kostenoptimierung und zum Aufbau resilienter Lieferketten haben messbare Erfolge erzielt – von signifikanten Einsparungen bis hin zu langfristigen Partnerschaften mit Lieferanten. Seine Stärke liegt in der Kombination von analytischer Präzision, menschlichem Einfühlungsvermögen und unerschütterlicher Zielorientierung. Ob es darum geht, komplexe Verhandlungen zu führen, Lieferketten zu optimieren oder innovative Lösungen zu entwickeln – seine Ansätze sind ebenso praxisnah wie nachhaltig. Heute teilt Steffen Ettwein sein Wissen als Gründer von SE Consulting Ettwein, einer Beratungsfirma, die Unternehmen dabei unterstützt, ihren Einkauf leistungsfähiger und zukunftssicher zu gestalten. Mit praxisnahen Lösungen, inspirierenden Seminaren, praxisnahen Lösungen und Vorträgen sowie einem klaren Fokus auf nachhaltige Strategien bringt er Einkäufer und Unternehmen auf Erfolgskurs. Als Einkaufstrainer unterstützt Steffen Ettwein sowohl ambitionierte Einkäufer, als auch Unternehmen auf dem Weg zu Spitzenleistungen. Privat ist Steffen Ettwein verheiratet und stolzer Vater von zwei Kindern. Seine Leidenschaft für innovative Denkansätze und effiziente Prozesse spiegelt sich nicht nur in seiner beruflichen Laufbahn wider, sondern auch in seiner Mission, den modernen Einkauf durch Wissen, Menschlichkeit und Innovation voranzutreiben.

Experten Vorwort Bernd Sehnert

Leider ist es noch immer so, dass der Einkauf in Unternehmen nicht die Rolle erhält, die nötig wäre, um Unternehmungen noch erfolgreicher zu machen. Oft fehlt es an dem Verständnis für dieses Thema, oder Menschen sind dazu nicht so ausgebildet, wie es nötig wäre. In vielen Unternehmen wird der Vertrieb mit dem Faktor 3 an Weiterbildungsveranstaltungen mehr gefördert.

Nur sehr wenige Spitzen-Einkäufer als Einkaufsleiter schaffen den Sprung in das Managementboard als Geschäftsführer oder Vorstand. Es ist Zeit, dass sich hier was ändert. Das Buch von Steffen Ettwein wird dazu beitragen auf einfache, klare Art und Weise den Einkauf zu beleuchten und ihm den Stellenwert zu geben, den es unternehmerisch verdient. Ich kenne Steffen Ettwein schon viele Jahre und habe ihn durch die verschiedensten Einkaufspositionen in unterschiedlichen Unternehmen als Coach begleitet. Seine Einkaufs-Analyse und seine Ausrichtung besonders auf die Wertschöpfung für Klein- und Mittelbetrieben sind seine Stärke.

Bernd Sehnert
CBS Sehnert
Beratung Coach

Experten Vorwort Wolf Vetter

Das Thema Einkauf ist für viele kleine und mittlere Unternehmen ein oft unterschätztes, aber entscheidendes Feld. Zum einen ist manchmal die Hälfte des eigenen Umsatzes durch die Einkaufspreise bestimmt, zum anderen entscheidet die Lieferkette wesentlich bei Qualität und Termintreue des Endprodukts mit, oft sogar auch über dessen innovative Eigenschaften.

Steffen Ettwein hat in diesem Buch einen wichtigen Beitrag geleistet, das Potential des Einkaufs in einem Unternehmen zu erfassen und zu nutzen.

Ich habe Steffen Ettwein als engagierten, praxisorientierten Einkäufer am Anfang seiner Karriere kennengelernt. Damals hatte ich die Aufgabe als sogenannter „Senior Expert", als pensionierter Einkaufsleiter eines weltweiten Automobilherstellers, moderne Einkaufs-Werkzeuge und -Methoden zu schulen und sie auch praxisgerecht anzuwenden. Er war der erste, der etwas Neues anwenden, weiterentwickeln und auch an anderen weitergeben wollte.

Ich hoffe, dass dieses Buch eine Anregung für alle Einkäufer und Geschäftsführer gibt, zu erkennen, dass der Einkauf jenseits einfacher Preisverhandlung, Beauftragung und Rechnungsprüfung auch das Potential hat, Mehrwert für die ganze Unternehmensstrategie zu schaffen.

Wolf Vetter
Ehemaliger Leiter einer Einkaufsabteilung
Weltkasse-Einkauf und Welteinkaufsverbund

Experten Vorwort Sebastian Raible

Der Einkauf – für viele Unternehmen ein notwendiges Übel, eine Kostenstelle, ein reiner Abwickler von Bestellungen. Leider. Denn wer genauer hinschaut, erkennt schnell: Hier schlummert ein enormes Potenzial, das oft viel zu wenig genutzt wird. Der Einkauf ist weit mehr als Preisverhandlung, Bestellabwicklung und Lieferterminverfolgung. Er ist – wenn man ihn lässt – ein echter Hebel für unternehmerischen Erfolg.

Ich begleite Unternehmen seit vielen Jahren in ihrer strategischen Entwicklung – insbesondere im Einkauf. Und ich habe dabei immer wieder erlebt, wie genau diese Funktion unterschätzt – oder schlicht übersehen – wurde. Dabei ist gerade er es, der in Zeiten von globaler Unsicherheit, unterbrochenen Lieferketten und steigendem Wettbewerbsdruck Stabilität schaffen, Risiken frühzeitig erkennen und Innovationen aus dem Markt hineintragen kann. Der Einkauf ist nicht nur „Kostenbremse", sondern Wertschöpfer. Und mehr denn je braucht es ein klares Verständnis für seine strategische Rolle.

In der Theorie klingt das einleuchtend – doch in der Praxis fehlt es oft an konkreten Werkzeugen, klaren Strukturen und dem richtigen Mindset. Genau hier setzt dieses Buch an. Verfasst wurde es von Steffen, den ich seit über zehn Jahren kenne und sehr schätze. Unsere Wege haben sich zunächst durch eine gemeinsame Zusammenarbeit gekreuzt – seither sind wir im regelmäßigen Austausch. Über die Jahre ist aus der Zusammenarbeit ein ehrlicher, wertvoller Sparring entstanden, der von gegenseitigem Respekt und einem gemeinsamen Interesse an Weiterentwicklung getragen ist. Steffen bringt mit „Die Essenz des Einkaufserfolgs – Mensch, Methoden und Strategie für Spitzenleistung" ein Werk auf den Tisch, das genau das liefert, was im Alltag so oft fehlt: Orientierung, Klarheit – und konkrete Impulse, die sofort umsetzbar sind.

Was mir an diesem Buch besonders gefällt: Es ist kein schweres Fachbuch voller Theorie. Steffen bleibt pragmatisch, verständlich und fokussiert auf das, was wirklich zählt. Er nennt es selbst „Essenz" – und genau das ist es auch. Ob Verhandlungsführung, Risikomanagement oder der kluge Einsatz von Künstlicher Intelligenz im Einkauf: Alles wird so dargestellt, dass man beim Lesen sofort Ideen bekommt, was man im eigenen Unternehmen verbessern kann. Kein Ballast, keine akademischen Schachtelsätze – sondern praxisnahe Tipps, die funktionieren.

Steffen gelingt es, den Einkauf in all seinen Facetten zu zeigen – aber ohne ihn zu überhöhen oder komplizierter zu machen, als er ist. Er konzentriert sich auf die Menschen, die Methoden und die strategischen Überlegungen, die den Unterschied machen. Das Ganze mit einem klaren Blick für die Realität im Unternehmen und einer Sprache, die Spaß macht zu lesen.

Ich bin überzeugt: Wer sich ernsthaft mit dem Einkauf beschäftigt – egal ob als Einkäufer, Projektverantwortlicher oder unternehmerisch Denkender – wird in diesem Buch viele wertvolle Anregungen finden. Es zeigt, was möglich ist, wenn man die Dinge ein wenig anders denkt. Und es macht Mut, die eigene Einkaufsarbeit auf ein neues Niveau zu heben.

Lieber Steffen, es ist schön zu sehen, wie viel von Deiner Persönlichkeit, Deiner Erfahrung und Deiner klaren Haltung in dieses Buch eingeflossen ist. Du hast hier etwas geschaffen, das gebraucht wird – und das vielen eine echte Hilfe sein wird.

Ich wünsche allen Leserinnen und Lesern, dass dieses Buch ihnen genau das gibt, was sein Titel verspricht: die Essenz des Einkaufserfolgs.

Mit besten Grüßen
Sebastian Raible
CEO Value Quest GmbH und Managing Consultant clearwater consulting – Beratung für Einkauf und Vertrieb

Vorwort:
Die Essenz des Einkaufserfolgs

Willkommen zu einem Buch, dass sich mit dem Kern einer der wichtigsten Disziplinen in der modernen Unternehmenswelt beschäftigt: dem Einkauf. Der Titel **„Die Essenz des Einkaufserfolgs"** ist nicht zufällig gewählt. In einer immer komplexeren und dynamischeren Geschäftswelt geht es darum, die Essenz – die Quintessenz – dessen zu erfassen, was den Einkauf wirklich erfolgreich macht.

Dieses Buch ist das Ergebnis von fast 20 Jahren Erfahrung, Erkenntnissen und Herausforderungen, die ich in meiner Laufbahn als Einkäufer in unterschiedlichsten Branchen gesammelt habe. Von den ersten Verhandlungen bis hin zu strategischen Entscheidungen, von der Bewältigung globaler Krisen bis zur Einführung moderner Technologien – der Einkauf hat sich in den letzten Jahren grundlegend verändert. Und in all diesen Veränderungen ist eines immer gleich geblieben: Es sind die Menschen, die den Unterschied machen.

Ich glaube fest daran, dass der Einkauf nicht nur eine Funktion ist, die Zahlen jongliert und Verträge abschließt. Er ist eine Kunst – eine Kunst, die Menschen, Märkte und Strategien miteinander verbindet. Die Rolle des Einkäufers ist facettenreich: Verhandler, Netzwerker, Analytiker, manchmal auch Krisenmanager. Aber vor allem ist ein Einkäufer ein Mensch, der durch seine Persönlichkeit, seine Fähigkeiten und seine Haltung die Richtung vorgibt.

Mit diesem Buch möchte ich dir nicht nur Werkzeuge und Strategien an die Hand geben, sondern auch Inspiration. Es soll dir zeigen, wie du als Einkäufer nicht nur erfolgreich bist, sondern auch wächst – beruflich und persönlich. Jede Seite ist darauf ausgelegt, dir praxisnahe Einblicke, spannende Geschichten und wertvolle Denkanstöße zu liefern.

Ich lade dich ein, dieses Buch als Begleiter zu sehen. Ein Begleiter, der dich unterstützt, die Herausforderungen des modernen Einkaufs zu meistern, und dir zeigt, wie du mit Klarheit, Leidenschaft und Menschlichkeit herausragende Ergebnisse erzielen kannst.

Der Einkauf ist mehr als eine Abteilung. Er ist ein Schlüssel zum Erfolg – und du bist derjenige, der ihn zum Drehen bringt.

Ich wünsche dir viel Freude beim Lesen und viele Aha-Momente, die deinen Weg als Einkäufer bereichern werden.

Mit den besten Wünschen,
Steffen Ettwein

Ansprache in „Du"

Liebe Leser,

in diesem Buch spreche ich dich bewusst mit „Du" an. Ich möchte dir nicht nur Fachwissen vermitteln, sondern auch Inspiration geben und dich direkt auf deinem Weg begleiten.

Hinweis zur Ansprache und Genderneutralität

Um die Lesbarkeit dieses Buches zu erleichtern, habe ich mich für die direkte Ansprache in der „Du"-Form entschieden. Diese Form soll dich persönlich ansprechen und den praktischen Nutzen des Buches unterstreichen.

Für die geschlechtliche Ansprache wurde bewusst auf die durchgehende Verwendung von Genderzeichen oder -zusätzen verzichtet. Wann immer beispielsweise die Begriffe „Einkäufer" oder „Leser" verwendet werden, sind damit selbstverständlich alle Geschlechter gemeint. Diese Entscheidung wurde getroffen, um einen klaren und flüssigen Schreibstil zu gewährleisten, ohne in irgendeiner Weise Wertungen oder Ausschlüsse vorzunehmen.

Ich danke dir für dein Verständnis und wünsche dir viel Freude und Inspiration beim Lesen dieses Buches!

Das Herz des Einkaufs – Der Mensch im Mittelpunkt

Einleitung:
Der Einkauf beginnt mit dem Menschen

Der Einkauf ist mehr als Zahlen, Prozesse und Verträge. Hinter jeder Entscheidung, jedem Verhandlungstisch und jeder Lieferkette steht ein Mensch – mit seiner Persönlichkeit, seinen Fähigkeiten und seinem Einfühlungsvermögen. Während Technologien, Strategien und Kennzahlen wichtige Werkzeuge sind, liegt der wahre Schlüssel zum Erfolg in den zwischenmenschlichen Fähigkeiten des Einkäufers.

Ein Einkäufer, der empathisch, kommunikationsstark und lösungsorientiert ist, kann nicht nur Herausforderungen bewältigen, sondern auch langfristige Beziehungen aufbauen, Innovationen fördern und Vertrauen schaffen. Dieses Kapitel widmet sich dem Kern des Einkaufs: der menschlichen Komponente, die oft unterschätzt wird, aber entscheidend für den Erfolg ist.

Thema:
Warum Persönlichkeit und menschliche Fähigkeiten entscheidend sind

1. Empathie: Der Schlüssel zu Beziehungen
Empathie ist die Fähigkeit, die Perspektiven und Bedürfnisse anderer zu verstehen und darauf einzugehen. Im Einkauf spielt sie eine entscheidende Rolle:

- **Verstehen der Lieferantenperspektive:** Lieferanten sind mehr als nur Anbieter. Sie haben eigene Herausforderungen, Ziele und Prioritäten. Ein empathischer Einkäufer erkennt diese und baut darauf auf. Beispiel: Ein Lieferant kämpft mit Rohstoffengpässen. Anstatt Druck auszuüben, bietet ein empathischer Einkäufer Unterstützung an, z. B. durch flexible Liefertermine oder Vorauszahlungen.

- **Konflikte lösen:** Empathie hilft, Spannungen abzubauen und konstruktive Lösungen zu finden.

2. *Kommunikationsfähigkeit: Der Brückenbauer*
Klare und effektive Kommunikation ist essenziell, um Interessen zu vertreten und Vertrauen aufzubauen:

- **Aktives Zuhören:** Ein guter Einkäufer hört nicht nur zu, sondern versteht die unausgesprochenen Anliegen seines Gegenübers.

- **Verständlichkeit:** Komplexe Anforderungen und Ziele müssen verständlich formuliert werden, um Missverständnisse zu vermeiden.

- **Verbindlichkeit:** Klare Vereinbarungen und transparente Kommunikation schaffen Vertrauen.

3. *Persönlichkeit: Authentizität und Integrität*
Eine starke Persönlichkeit, geprägt von Authentizität und Integrität, macht einen Einkäufer zu einem vertrauenswürdigen Partner:

- **Authentizität:** Sei ehrlich und bleibe du selbst. Lieferanten und Kollegen schätzen eine klare und glaubwürdige Haltung.

- **Integrität:** Ein Einkäufer, der fair und verantwortungsbewusst handelt, schafft langfristige Partnerschaften.

Geschichte:
Ein Einkäufer rettet durch Einfühlungsvermögen und Kommunikation eine schwierige Lieferantenbeziehung

Herausforderung

Johanna, eine erfahrene Einkäuferin in einem mittelständischen Elektronikunternehmen, stand vor einer großen Herausforderung. Ein langjähriger Lieferant hatte wiederholt Liefertermine nicht eingehalten, was zu Spannungen zwischen beiden Unternehmen führte. Die Geschäftsführung forderte, die Zusammenarbeit zu beenden und einen neuen Lieferanten zu suchen.

Doch Johanna wollte nicht vorschnell handeln. Sie wusste, dass der Lieferant über tiefes Know-how verfügte und langfristig ein wertvoller Partner sein könnte. Statt die Beziehung zu beenden, entschied sie sich, das Problem durch Kommunikation und Empathie zu lösen.

Lösung

Johanna setzte auf einen dreistufigen Ansatz:

1. *Persönliches Gespräch suchen:*
Johanna reiste persönlich zum Lieferanten, um die Situation besser zu verstehen. Sie hörte aktiv zu und erfuhr, dass der Lieferant mit unvorhergesehenen Engpässen in der Rohstoffversorgung kämpfte. Statt Vorwürfe zu machen, zeigte sie Verständnis für die Schwierigkeiten und fragte, wie das Unternehmen unterstützt werden könnte.

2. *Gemeinsame Lösungen entwickeln:*

Gemeinsam mit dem Lieferanten entwickelte Johanna einen Plan, um die Situation zu verbessern. Dazu gehörten flexible Liefertermine und die Einführung eines Frühwarnsystems, das mögliche Probleme frühzeitig signalisieren sollte.

3. *Langfristige Partnerschaft stärken:*

Johanna vereinbarte regelmäßige Meetings und Workshops, um die Zusammenarbeit zu verbessern und zukünftige Herausforderungen gemeinsam zu bewältigen.

Ergebnis

Dank Johannas Einfühlungsvermögen und Kommunikationsstärke konnte die Beziehung nicht nur gerettet, sondern gestärkt werden. Der Lieferant konnte seine Liefertreue innerhalb von drei Monaten auf 95 % steigern. Die Geschäftsführung war beeindruckt von Johannas Ansatz und beschloss, ähnliche Methoden auf andere Lieferantenbeziehungen zu übertragen.

Praxisaufgabe: Selbstreflexion – Welche menschlichen Stärken bringe ich in meinen Job ein?

Diese Aufgabe hilft dir, deine zwischenmenschlichen Fähigkeiten zu erkennen und weiterzuentwickeln. Nimm dir Zeit, um die folgenden Fragen zu beantworten:

1. *Stärken erkennen*

Welche menschlichen Stärken bringe ich in meinen Job ein?
Beispiele: Empathie, Kommunikationsfähigkeit, Problemlösungskompetenz, Verlässlichkeit.

2. Herausforderungen reflektieren

Gab es Situationen, in denen ich durch meine Persönlichkeit oder Soft Skills eine schwierige Situation lösen konnte?
Beispiel: Konflikte mit Lieferanten, schwierige Verhandlungen oder interne Abstimmungen.

3. Entwicklungspotenziale identifizieren

Welche Fähigkeiten möchte ich weiterentwickeln?
Beispiele: Aktives Zuhören, klare Kommunikation, Umgang mit schwierigen Gesprächspartnern.

4. Maßnahmen planen

Wie kann ich meine Soft Skills verbessern?
Beispiele: Teilnahme an Kommunikationsworkshops, regelmäßige Selbstreflexion, Feedback von Kollegen einholen.

Essenz

Der Mensch im Mittelpunkt des Einkaufs. Die Persönlichkeit und die zwischenmenschlichen Fähigkeiten eines Einkäufers sind oft der entscheidende Faktor für Erfolg oder Misserfolg. Empathie, Kommunikationsstärke und Authentizität ermöglichen es, Herausforderungen zu bewältigen und langfristige Beziehungen aufzubauen.

Der Mensch steht im Zentrum des Einkaufs – als Brückenbauer zwischen Unternehmen, Lieferanten und internen Stakeholdern. Nutze die Erkenntnisse und die Selbstreflexion aus diesem Kapitel, um deine Fähigkeiten zu stärken und den Unterschied in deinem Arbeitsalltag zu machen.

Der Einkauf im Wandel der Zeit

Einleitung:
Die Evolution des Einkaufs

Die Rolle des Einkaufs hat sich im Laufe der Jahre radikal verändert. Einst als reine Kostenstelle betrachtet, war der Einkauf vor allem darauf ausgerichtet, den niedrigsten Preis zu erzielen. Doch die Anforderungen der modernen Wirtschaft haben den Einkauf zu einem strategischen Partner gemacht, der nicht nur zur Kostenoptimierung, sondern auch zur Innovationsförderung, Risikominimierung und Wertschöpfung beiträgt.

Dieses Kapitel nimmt dich mit auf eine Reise durch die Zeit – von den frühen Tagen des Einkaufs als „Preisdrücker" bis hin zur heutigen Rolle als strategischer Entscheidungsträger. Es beleuchtet, wie diese Transformation Unternehmen geprägt hat, und zeigt, was es braucht, um in der neuen Ära des Einkaufs erfolgreich zu sein.

Thema:
Historischer und moderner Einkauf – Von Preisdrückern zu strategischen Partnern

1. Der traditionelle Einkauf: Fokus auf Kosten
In der Vergangenheit war der Einkauf vor allem ein operativer Prozess. Die Hauptaufgabe bestand darin:

- Produkte und Dienstleistungen zu beschaffen.
- Lieferanten zu vergleichen und den niedrigsten Preis auszuhandeln.
- Bestellungen zu verwalten und sicherzustellen, dass die benötigten Waren rechtzeitig geliefert werden.

Der Erfolg des Einkaufs wurde oft rein an den Einsparungen gemessen. Lieferanten wurden als austauschbare Ressourcen betrachtet, und langfristige Beziehungen waren selten Teil der Strategie.

2. Der moderne Einkauf: Fokus auf Strategie

Mit der Globalisierung und der zunehmenden Komplexität von Lieferketten wandelte sich der Einkauf zu einer strategischen Funktion. Heute spielt der Einkauf eine entscheidende Rolle in Bereichen wie:

- **Risikomanagement:** Identifikation und Minimierung von Risiken, z. B. durch Diversifikation der Lieferantenbasis.
- **Nachhaltigkeit:** Integration von ESG-Kriterien (Environmental, Social, Governance) in die Lieferantenauswahl.
- **Innovationsförderung:** Zusammenarbeit mit Lieferanten, um neue Technologien oder Produkte zu entwickeln.
- **Wertschöpfung:** Der Einkauf trägt aktiv zur Steigerung der Wettbewerbsfähigkeit und der Resilienz des Unternehmens bei.

Der moderne Einkäufer ist nicht mehr nur ein Verhandler, sondern ein Netzwerker, Stratege und Innovator.

3. Die Brücke zwischen Vergangenheit und Zukunft

Die Transformation vom traditionellen zum modernen Einkauf war kein linearer Prozess. Viele Unternehmen befinden sich noch auf diesem Weg. Sie erkennen jedoch zunehmend, dass ein rein operativer Einkauf den Herausforderungen der heutigen Zeit nicht mehr gewachsen ist.

Schlüsselkompetenzen des modernen Einkaufs:
- Datengetriebene Entscheidungen.
- Aufbau langfristiger, partnerschaftlicher Lieferantenbeziehungen.
- Agilität und die Fähigkeit, schnell auf Veränderungen zu reagieren.
- Nachhaltige Strategien, die ökologische und soziale Verantwortung berücksichtigen.

Fallstudie:
Der Weg eines Unternehmens vom reaktiven Einkauf zum strategischen Management

Herausforderung: Ein reaktiver Einkaufsprozess

Ein mittelständisches Unternehmen in der Automobilzulieferindustrie stand vor großen Herausforderungen. Der Einkauf war rein operativ ausgerichtet und konzentrierte sich ausschließlich auf Preisverhandlungen. Lieferanten wurden oft kurzfristig gewechselt, und es gab keine klare Strategie zur Risikominimierung oder Innovation.
Dies führte zu:

- Häufigen Lieferengpässen.
- Schlechter Qualität der gelieferten Produkte.
- Konflikten mit wichtigen Lieferanten.

Die Geschäftsführung erkannte, dass der Einkauf in seiner bisherigen Form ein Risiko für das Unternehmen darstellte.

Strategie: Der Weg zum strategischen Einkauf

Das Unternehmen entschied sich für einen umfassenden Wandel. Die wichtigsten Maßnahmen waren:

1. Einführung eines Lieferantenmanagementsystems:
- Lieferanten wurden systematisch bewertet und klassifiziert.
- Strategische Partnerschaften wurden mit den wichtigsten Lieferanten aufgebaut.

2. Schulung des Einkaufsteams:
Das Team wurde in den Bereichen Verhandlungsführung, Risikomanagement und Datenanalyse weitergebildet.

3. Integration von Technologien:
Ein digitales Beschaffungstool wurde implementiert, um Transparenz zu schaffen und datenbasierte Entscheidungen zu ermöglichen.

4. Nachhaltigkeit als Fokus:
Es wurden ESG-Kriterien eingeführt, um die Auswahl von Lieferanten nachhaltiger zu gestalten.

Ergebnis: Ein erfolgreicher Wandel

Innerhalb von zwei Jahren verwandelte sich der Einkauf in eine strategische Abteilung, die maßgeblich zum Unternehmenserfolg beitrug:

- **Reduzierung der Lieferengpässe:** Die Lieferzuverlässigkeit stieg von 85 % auf 98 %.
- **Kosteneinsparungen:** Durch strategische Partnerschaften und Optimierungen konnten 15 % der Einkaufskosten eingespart werden.
- **Innovationsförderung:** Eine enge Zusammenarbeit mit den Lieferanten führte zur Entwicklung eines neuen Produkts, das einen Wettbewerbsvorteil auf dem Markt verschaffte.

Checklisten:
Bin ich ein strategischer Einkäufer?

Eine der zentralen Fragen, die du dir als Einkäufer stellen solltest, lautet: **Denke und handle ich bereits strategisch, oder bin ich noch in der reaktiven Rolle verhaftet?** Strategische Einkäufer gestalten den Einkauf aktiv, optimieren Prozesse, schaffen Wettbewerbsvorteile und positionieren sich als **zentrale Werttreiber im Unternehmen.**

Die folgenden Checklisten helfen dir, genau das zu überprüfen. Gehe die folgenden Punkte Schritt für Schritt durch, reflektiere ehrlich und erkenne, wo du bereits stark bist und wo noch Potenzial für Wachstum liegt.

1. Denke ich langfristig oder kurzfristig?

✓ Plane ich meine Lieferantenbeziehungen langfristig, anstatt nur den Preis kurzfristig zu optimieren?

Tipp: Eine langfristige Zusammenarbeit führt zu stabileren Lieferketten und besseren Konditionen. Prüfe deine A-Lieferanten und plane Jahresgespräche.

✓ Denke ich über zukünftige Marktveränderungen nach? (z. B. Trends, Rohstoffknappheit, Technologieänderungen)?

Tipp: Analysiere regelmäßig Markttrends. Nutze hierzu Marktberichte aus Fachquellen um hier Maßnahmen frühzeitig einleiten zu können.

✓ Habe ich eine klare Einkaufsstrategie, die über einen Zeitraum von 1-5 Jahren definiert sind?

Tipp: Entwickle eine Einkaufsstrategie für deine wichtigsten Warengruppen. Was ist dein Ziel in Bezug auf Kosten, Qualität und Resilienz?

2. Kenne ich meine Zahlen und KPIs im Einkauf?

✓ Arbeite ich regelmäßig mit Einkaufs-Kennzahlen (KPIs) wie Kostenentwicklung, Liefertermintreue oder Einsparpotenzial?

Tipp: Definiere 5-8 klare KPIs für deinen Einkauf. Beispiele: Einsparungen, Lieferantenbewertung, Rahmenvertragsquote.

✓ Nutze ich diese KPIs, um datenbasiert Entscheidungen zu treffen und Argumente zu untermauern?

Tipp: Verwende KPIs in Meetings, um deinen Mehrwert sichtbar zu machen. Zeige, wie du und dein Einkauf zur Wertschöpfung am Unternehmenserfolg beitragen.

✓ Berechne ich regelmäßig Total Cost of Ownership (TCO), um die Gesamtkosten einer Beschaffung zu berücksichtigen?

Tipp: TCO geht über den reinen Preis hinaus und inkludiert Transport, Qualität, Lagerkosten und Service, bis sich die Ware bei uns befindet. Nutze dies, um Lieferanten fair zu vergleichen.

3. Bin ich aktiv in der Lieferantenentwicklung?

✓ Beurteile ich regelmäßig die Leistung meiner Lieferanten (Qualität, Kosten, Termintreue)?

Tipp: Implementiere ein Lieferantenbewertungssystem, um die besten Partner zu identifizieren und Schwachstellen zu beheben.

✓ Arbeite ich gemeinsam mit Lieferanten an Optimierungen und Innovationen?

Tipp: Starte Innovations-Workshops oder regelmäßige Strategiemeetings mit deinen Top-Lieferanten.

✓ Habe ich Strategien, um Risiken in der Lieferkette zu erkennen und zu minimieren? (z. B. Insolvenzen, Lieferengpässe)

Tipp: Baue ein Risikomanagement-System auf, um potenzielle Störquellen frühzeitig zu erkennen und Alternativen zu entwickeln.

4. Wie positioniere ich mich innerhalb des Unternehmens?

✓ Arbeite ich eng mit anderen Abteilungen (Produktion, IT, Vertrieb) zusammen, um gemeinsame Ziele zu erreichen?

Tipp: Plane regelmäßige Meetings, um Anforderungen und Herausforderungen anderer Abteilungen zu verstehen.

✓ Positioniere ich den Einkauf als Business Partner und Wertschöpfer und nicht nur als Bestellabteilung?

Tipp: Zeige anhand von Zahlen und Erfolgsgeschichten, wie dein Einkauf zum Unternehmenserfolg beiträgt.

✓ Kann ich die Geschäftsführung durch klare, strategische Argumente überzeugen?

Tipp: Nutze datenbasierte Berichte und Prognosen, um die Geschäftsführung von neuen Projekten zu überzeugen.

5. Nutze ich digitale Tools und innovative Ansätze?

✓ Arbeite ich mit modernen Tools zur Einkaufsoptimierung (z. B. digitale Lieferantenportale, SRM-Systeme, KI-Tools)?

Tipp: Prüfe regelmäßig den Einsatz neuer Technologien, um Effizienzpotenziale zu heben.

✓ Nutze ich digitale Datenanalysen, um Trends und Einsparpotenziale zu identifizieren?

Tipp: Tools zur Datenanalyse helfen dir, versteckte Kosten zu identifizieren und Prozesse zu optimieren.

✓ Experimentiere ich mit innovativen Beschaffungsmethoden (z. B. E-Auctions, Partnering-Modelle)?

Tipp: Teste neue Ansätze und analysiere, welche Methoden langfristig Erfolg bringen.

6. Überprüfe ich regelmäßig meine Rolle und meinen Einfluss?

✓ Bin ich in der Lage, den Einkauf als strategischen Erfolgsfaktor zu positionieren?

Tipp: Zeige in regelmäßigen Reports, welche Einsparungen und Verbesserungen du erzielt hast.

✓ Übernehme ich aktiv Verantwortung für den Erfolg des Einkaufs?

Tipp: Denke wie ein Unternehmer – sei proaktiv, kreativ und ergebnisorientiert.

✓ Lerne ich kontinuierlich dazu, um den Einkauf weiterzuentwickeln?

Tipp: Investiere in Weiterbildungen und halte dich über neue Trends und Technologien auf dem Laufenden.

Essenz

Der Einkauf als strategischer Partner. Die Reise des Einkaufs vom „Preisdrücker" zum strategischen Partner zeigt, wie entscheidend diese Funktion für den Erfolg eines Unternehmens ist. Ein strategischer Einkäufer versteht es, Daten, Technologien und Partnerschaften zu nutzen, um Risiken zu minimieren, Innovationen zu fördern und nachhaltige Werte zu schaffen.

Nutze die Erkenntnisse und die Checkliste aus diesem Kapitel, um deinen eigenen Einkauf auf die nächste Stufe zu heben. Sei nicht nur ein Verhandler, sondern ein Gestalter – und mache den Einkauf zu einer der stärksten Säulen deines Unternehmens.

Der Schlüssel zum Erfolg – Lieferantenbeziehungen als Partnerschaft

Einleitung:
Mehr als nur Verhandlung – Warum Vertrauen zählt

Im Einkauf der Vergangenheit ging es oft um eines: Den besten Preis auszuhandeln. Die Beziehungen zu Lieferanten waren transaktional, schnelllebig und geprägt von einem klaren Machtgefälle. Doch diese Zeiten sind vorbei. Heute stehen wir vor der Herausforderung, Lieferketten resilient, nachhaltig und innovativ zu gestalten – und das gelingt nur durch **echte Partnerschaften** mit unseren Lieferanten.

Vertrauen ist der Kern einer starken Lieferantenbeziehung. Es entsteht nicht über Nacht, sondern durch kontinuierliche Zusammenarbeit, Transparenz und gegenseitiges Verständnis. Lieferanten sind nicht einfach nur Anbieter von Produkten oder Dienstleistungen – sie sind Partner, die dir helfen, dein Unternehmen zukunftssicher zu machen. Eine stabile Lieferantenbeziehung zahlt sich langfristig aus: Sie schafft Innovationspotenziale, reduziert Risiken und stärkt deine Wettbewerbsfähigkeit.

Geschichte:
Ein Einkäufer rettet eine Lieferantenbeziehung durch Vertrauen und Zusammenarbeit

David, ein erfahrener Einkäufer in einem mittelständischen Unternehmen der Automobilzulieferindustrie, sah sich vor einer schwierigen Entscheidung. Ein langjähriger Lieferant für Schlüsselkomponenten hatte in den letzten Monaten mehrfach Liefertermine nicht eingehalten. Die Produktion stand still, die internen Beschwerden häuften sich, und das Management forderte, den Lieferanten zu ersetzen. Ein anderer Anbieter war schnell gefunden, doch David war skeptisch.

Dieser Lieferant hatte dem Unternehmen über Jahre hinweg verlässlich und in hoher Qualität geliefert. Für David war klar: Ein schneller Wechsel würde zwar kurzfristig Druck vom Kessel nehmen, langfristig aber teurer werden. Also entschied er sich dafür, die Beziehung zu retten.

Lösung

David fuhr persönlich zum Lieferanten. Vor Ort sprach er nicht nur mit der Geschäftsführung, sondern auch mit den Mitarbeitenden in der Produktion. Er sah schnell: Die Lieferprobleme resultierten nicht aus Desinteresse oder mangelnder Kompetenz, sondern aus strukturellen Engpässen. Ein unerwarteter Anstieg der Aufträge und Rohstoffmangel hatten das Unternehmen überfordert.

Anstatt zu drohen oder Schuldzuweisungen zu machen, entwickelte David mit dem Lieferanten gemeinsam einen Plan:

1. Transparenz schaffen:
Beide Seiten dokumentierten die Probleme und erarbeiteten einen klaren Lieferplan.

2. Kurzfristige Unterstützung:
Das Unternehmen half dem Lieferanten bei der Rohstofffinanzierung und stellte externe Experten zur Optimierung der Produktionsprozesse zur Verfügung.

3. Langfristige Stabilität:
Ein neuer Rahmenvertrag sicherte den Auftrag für drei Jahre und enthielt klare Ziele für Qualität und Zuverlässigkeit.

Ergebnis

Die Lieferprobleme wurden gelöst. Der Lieferant konnte nicht nur stabilisieren, sondern auch effizienter produzieren. Für David und sein Unternehmen bedeutete das nicht nur Planungssicherheit, sondern auch die Stärkung einer Beziehung, die auf Vertrauen und Zusammenarbeit aufbaut.

Erkenntnis

David bewies, dass starke Lieferantenbeziehungen nicht nur auf Verträgen beruhen, sondern vor allem auf einem **partnerschaftlichen Ansatz**. Durch Kommunikation und Vertrauen schaffte er eine Win-Win-Situation, die langfristig allen Beteiligten zugutekam.

Praxisaufgabe: Vertiefe die Beziehung zu deinen Top-3-Lieferanten

Um starke und nachhaltige Lieferantenbeziehungen zu entwickeln, musst du gezielt vorgehen. Diese Aufgabe hilft dir dabei, die Zusammenarbeit mit deinen wichtigsten Lieferanten zu analysieren und zu verbessern.

Schritt 1: Identifiziere deine Top-3-Lieferanten

Erstelle eine Liste mit drei Lieferanten, die für dein Unternehmen besonders wichtig sind. Berücksichtige dabei:

- **Umsatzvolumen und Lieferanteil:** Welche Lieferanten haben den größten Einfluss auf deine Wertschöpfung?
- **Risikopotenzial:** Wo wäre ein Ausfall besonders kritisch?
- **Innovationspotenzial:** Welche Lieferanten bringen wichtige Ideen und Technologien ein?

Schritt 2: Analysiere die aktuelle Zusammenarbeit

Beantworte folgende Fragen für jeden der drei Lieferanten:

- Wie gut ist die Kommunikation zwischen uns?
- Wo liegen derzeit die größten Herausforderungen (z. B. Liefertermine, Qualität, Preise)?
- Wo sehe ich Potenziale für eine intensivere Zusammenarbeit?
- Wie vertrauensvoll ist unsere Beziehung? Gibt es Spannungen oder Misstrauen?

Tipp: Sei ehrlich und kritisch in deiner Analyse – nur so kannst du Verbesserungen herbeiführen.

Schritt 3: Entwickle konkrete Maßnahmen zur Vertiefung der Beziehungen

Lege für jeden Lieferanten drei klare Maßnahmen fest, um die Beziehung zu verbessern:

1. Regelmäßige Strategiemeetings
Ziele: Gemeinsame Herausforderungen identifizieren und Lösungsstrategien entwickeln.
Beispiel: Quartalsweise Treffen, um Fortschritte zu besprechen und neue Projekte zu planen.

2. Gemeinsame Innovationsprojekte
Ziele: Lieferanten als Partner für neue Ideen und Prozessverbesserungen einbinden.
Beispiel: Ein Pilotprojekt zur Entwicklung eines neuen Produkts oder zur Optimierung von Lieferzeiten.

3. Stärkung des Vertrauens durch Transparenz
Ziele: Offene Kommunikation und langfristige Planung fördern.
Beispiel: Gemeinsame KPIs festlegen, die regelmäßig überprüft werden.

Schritt 4: Setze die Maßnahmen um und kontrolliere die Ergebnisse

Erstelle einen konkreten Aktionsplan mit Zeitvorgaben. Überprüfe regelmäßig:

• Welche Maßnahmen haben die größte Wirkung erzielt?
• Welche Herausforderungen bestehen weiterhin?
• Wie hat sich das Vertrauen und die Zusammenarbeit verbessert?

Essenz

Partnerschaft statt Transaktion. Erfolgreiche Lieferantenbeziehungen beruhen nicht auf kurzfristigen Verhandlungen, sondern auf langfristiger Zusammenarbeit, Respekt und Vertrauen. Ein guter Einkäufer versteht, dass Lieferanten mehr als bloße Auftragnehmer sind – sie sind Partner, mit denen du gemeinsam Werte schaffen kannst.

Indem du die Zusammenarbeit mit deinen wichtigsten Lieferanten vertiefst, stärkst du nicht nur deine Lieferkette, sondern auch deine eigene Rolle als strategischer Einkäufer. Gehe diesen Schritt – und mache aus deinen Lieferanten echte Erfolgspartner.

Risikomanagement im Einkauf: Der Blick hinter die Fassade

Einleitung:
Warum Risikomanagement ein Muss ist

Risikomanagement ist heute kein Luxus, sondern eine essenzielle Säule erfolgreicher Unternehmensführung, insbesondere im Einkauf. Globale Lieferketten, volatile Märkte und technologische Disruptionen haben die Risiken für Unternehmen exponentiell erhöht. Ob wirtschaftliche Schwankungen, politische Unsicherheiten oder technische Ausfälle – Risiken sind allgegenwärtig und müssen aktiv gemanagt werden.

Effizientes Risikomanagement bedeutet, mögliche Gefahrenquellen frühzeitig zu identifizieren, deren Eintrittswahrscheinlichkeit zu bewerten und Strategien zur Minimierung oder Vermeidung zu entwickeln. Für Einkäufer ist dies besonders wichtig, da sie oft direkt für die Versorgungssicherheit und die Vermeidung von Kostensteigerungen verantwortlich sind. Die Fähigkeit, Risiken zu erkennen und zu bewältigen, ist daher eine Kernkompetenz moderner Einkaufsorganisationen.

Thema:
Effiziente Umsetzung von Risikomanagement im Einkauf

Risikomanagement im Einkauf umfasst mehrere zentrale Schritte:

1. Identifikation von Risiken:
Einkäufer sollten systematisch potenzielle Risiken in der Lieferkette analysieren. Dazu gehören:

• Finanzielle Schwächen von Lieferanten.
• Geopolitische Risiken in Beschaffungsmärkten.
• Abhängigkeit von Single-Sourcing-Lieferanten.
• Technologische Veränderungen und ihre Auswirkungen.

2. *Bewertung und Priorisierung:*

Eine klare Bewertung der Eintrittswahrscheinlichkeit und der potenziellen Auswirkungen hilft, die dringendsten Risiken zu identifizieren. Tools wie bspw. die Risikomatrix bieten hier wertvolle Unterstützung.

3. *Strategien zur Risikominimierung:*

- Diversifikation der Lieferantenbasis.
- Einsatz von Frühwarnsystemen.
- Aufbau strategischer Partnerschaften.
- Implementierung von Notfallplänen.

4. *Kontinuierliches Monitoring:*

Risiken sind dynamisch. Ein regelmäßiges Monitoring und die Anpassung von Maßnahmen sind entscheidend, um reaktionsfähig zu bleiben.

Fallstudie:
Ein mittelständisches Unternehmen bewältigt eine plötzliche Lieferanteninsolvenz

Herausforderung

Ein mittelständisches Maschinenbauunternehmen war stark von einem langjährigen Zulieferer abhängig, der unerwartet Insolvenz anmeldete. Dieser Lieferant stellte kritische Komponenten her, die für den Produktionsprozess unerlässlich waren.

Lösung

1. *Frühwarnsystem:*

Bereits im Vorfeld hatte das Unternehmen ein Scoring-Modell für die finanzielle Stabilität seiner Lieferanten eingeführt. Dieses warnte frühzeitig vor den finanziellen Schwierigkeiten des Lieferanten.

2. Alternative Beschaffungsstrategien:
Das Unternehmen hatte proaktiv eine Backup-Lieferantenstrategie entwickelt und alternative Zulieferer identifiziert. Dadurch konnte es nahtlos auf einen anderen Anbieter umsteigen.

3. Zusammenarbeit mit dem insolventen Lieferanten:
In der Übergangszeit unterstützte das Unternehmen den insolventen Lieferanten durch Vorfinanzierungen, um die Produktion der bestehenden Aufträge sicherzustellen.

Ergebnis

Die Produktion wurde ohne Unterbrechung fortgesetzt, und das Unternehmen etablierte ein noch robusteres Risikomanagementsystem.

Die Top-10-Risiken im Einkauf und wie sie vermieden werden können

1. Lieferanteninsolvenz

Problem: Eine plötzliche Insolvenz eines Lieferanten kann dazu führen, dass wichtige Materialien oder Produkte nicht geliefert werden. Dies unterbricht die Lieferkette und führt zu Produktionsausfällen, Umsatzeinbußen und zusätzlichen Kosten durch die Suche nach neuen Lieferanten.

Hintergrund: Oft sind finanzielle Probleme eines Lieferanten nicht sofort sichtbar. Zahlungsrückstände, sinkende Qualität oder Produktionsverzögerungen können erste Hinweise sein.

Lösung:
1. **Bonitätsprüfungen:** Führe regelmäßige Bonitätsprüfungen mit spezialisierten Tools oder Dienstleistern durch.
2. **Frühwarnsysteme:** Nutze KI-gestützte Systeme, die finanzielle Anzeichen wie sinkende Kreditwürdigkeit oder negative Geschäftsnachrichten analysieren.
3. **Risikodiversifikation:** Vermeide Abhängigkeiten von einem einzigen Lieferanten, indem Sie alternative Partner aufbauen.
4. **Lieferantenbesuch:** Nehme umgehend bei Verdacht Kontakt mit dem Lieferanten auf und besuche diesen regelmäßig um möglichst weitere wichtige Informationen zu erhalten.

2. Rohstoffknappheit

Problem: Globale Rohstoffknappheit, verursacht durch geopolitische Krisen, Umweltkatastrophen oder steigende Nachfrage, kann die Beschaffung und Produktion erheblich beeinträchtigen.

Hintergrund: Rohstoffe wie Lithium, Halbleiter oder seltene Erden sind besonders anfällig für Knappheit, da sie oft nur in wenigen Regionen der Welt abgebaut werden.

Lösung:

1. **Strategische Lagerbestände:** Halte Pufferbestände vor für kritische Materialien.
2. **Langfristige Verträge:** Sichere dir frühzeitig Rohstoffmengen durch langfristige Lieferverträge mit stabilen Preisen.
3. **Materialinnovationen:** Arbeite zusammen mit Lieferanten an der Entwicklung von Ersatzmaterialien oder effizienteren Produktionsmethoden.

3. Geopolitische Instabilität

Problem: Handelskonflikte, politische Krisen oder Sanktionen können zu Verzögerungen, Kostensteigerungen oder Unterbrechungen in der Lieferkette führen.

Hintergrund: Geopolitische Risiken nehmen in einer globalisierten Wirtschaft zu, z. B. durch Handelsbeschränkungen oder Embargos.

Lösung:

1. **Nearshoring:** Verlege Teile der Produktion oder Beschaffung in geografisch nahegelegene Regionen mit stabilen politischen Bedingungen.
2. **Multisourcing:** Arbeite mit mehreren Lieferanten in unterschiedlichen Regionen zusammen, um die Abhängigkeit von einem Land zu reduzieren.
3. **Frühwarnsysteme:** Beobachte politische Entwicklungen und ihre potenziellen Auswirkungen auf Lieferketten.

4. Qualitätsprobleme

Problem: Mangelhafte Qualität von Materialien oder Produkten führt zu Produktionsverzögerungen, höheren Kosten und Schäden an der Reputation des Unternehmens.

Hintergrund: Qualitätsschwankungen können durch fehlende Standards, Zeitdruck oder unzureichende Kontrollen beim Lieferanten verursacht werden.

Lösung:
1. **Qualitätskontrollen:** Führe wenn möglich regelmäßige und strenge Qualitätsprüfungen bei Lieferanten durch, sowohl vor Ort als auch in der Produktion.
2. **Audits:** Arbeite möglichst mit zertifizierten Lieferanten und führe dort regelmäßig Audits durch, um Schwachstellen zu identifizieren.
3. **Partnerschaftlicher Ansatz:** Unterstütze die Lieferanten durch Schulungen und Ressourcen, um deren Qualitätsstandards zu verbessern.

5. Transportprobleme

Problem: Verzögerungen, Schäden oder Verlust von Waren während des Transports können zu Produktionsstopps und zusätzlichen Kosten führen.

Hintergrund: Ursachen sind oft unzureichende Logistikkapazitäten, Wetterbedingungen oder ineffiziente Transportplanung.

Lösung:
1. **Logistikpartner:** Arbeite mit erfahrenen und zuverlässigen Logistikdienstleistern zusammen.
2. **Tracking-Systeme:** Nutze die Technologien wie GPS-Tracking, um den Transportstatus in Echtzeit zu überwachen.
3. **Pufferzeiten:** Plane möglichst immer ausreichende Zeitpuffer ein, um Verzögerungen zu kompensieren.

6. IT- und Cybersicherheitsrisiken

Problem: Cyberangriffe auf Lieferanten oder das eigene Unternehmen können zu Datenverlust, Betriebsunterbrechungen und Reputationsschäden führen.

Hintergrund: Lieferanten sind oft Ziel von Angriffen, da ihre Sicherheitsvorkehrungen weniger robust sind als die von großen Unternehmen.

Lösung:
1. **IT-Sicherheitsaudits:** Überprüfe regelmäßig die IT-Sicherheit deiner Lieferanten.
2. **Verträge:** Schließe möglichst Cybersecurity-Vereinbarungen ab, um Standards festzulegen.
3. **Training:** Schule deine Mitarbeiter und Partner, um menschliche Fehler als Einfallstor für Angriffe zu minimieren.

7. Umweltkatastrophen

Problem: Naturereignisse wie Überschwemmungen, Erdbeben oder Stürme können Produktionsstätten und Lieferketten lahmlegen.

Hintergrund: Der Klimawandel erhöht die Häufigkeit und Intensität solcher Ereignisse.

Lösung:
1. **Geografische Diversifikation:** Arbeite möglichst mit Lieferanten in unterschiedlichen Regionen, um das Risiko zu streuen.
2. **Notfallpläne:** Entwickle gemeinsam mit den Lieferanten Krisenmanagementpläne, um den Betrieb schnell wieder aufzunehmen.
3. **Versicherungen:** Schließe Versicherungen für Naturkatastrophen ab, um finanzielle Verluste zu minimieren.

8. Preisschwankungen

Problem: Volatile Rohstoffpreise oder Wechselkursschwankungen können Kosten unvorhersehbar machen und Budgets sprengen.

Hintergrund: Ursachen sind oft steigende Nachfrage, globale Krisen oder Spekulationen auf Rohstoffmärkten.

Lösung:
1. **Hedging-Strategien:** Du solltest dich gegen Preisschwankungen durch Finanzinstrumente wie Termingeschäfte absichern.
2. **Langfristige Verträge:** Stabilisiere die Kosten durch langfristige Preisvereinbarungen mit Lieferanten.

3. **Marktanalysen:** Beobachte die Rohstoffmärkte kontinuierlich, um Preisentwicklungen frühzeitig zu antizipieren.

9. Compliance-Verstöße

Problem: Verstöße gegen Gesetze, ethische Standards oder Umweltauflagen durch Lieferanten können zu hohen Strafen und Imageschäden führen.

Hintergrund: Internationale Lieferketten erschweren die Überwachung von Compliance.

Lösung:
1. **Compliance-Programme:** Implementiere Standards und Richtlinien, die alle Lieferanten einhalten müssen.
2. **Audits:** Überprüfe regelmäßig die Einhaltung gesetzlicher und ethischer Vorgaben.
3. **Transparenz:** Arbeite mit Lieferanten, die ihre Prozesse offenlegen und dokumentieren.

10. Nachhaltigkeitsmängel

Problem: Fehlende Nachhaltigkeit in der Lieferkette kann zu Kundenverlust und Reputationsschäden führen.

Hintergrund: Verbraucher und Regulierungsbehörden legen zunehmend Wert auf ökologische und soziale Verantwortung.

Lösung:
1. **Nachhaltigkeitsziele:** Definiere klare ökologische und soziale Ziele für Ihre Lieferkette.
2. **Partnerschaften:** Arbeite mit Lieferanten an gemeinsamen Nachhaltigkeitsprojekten.
3. **Berichterstattung:** Nutze Zertifizierungen und Berichte, um deine Fortschritte transparent zu machen.

Essenz

Risikomanagement ist ein dynamischer Prozess, der die Resilienz und Wettbewerbsfähigkeit eines Unternehmens entscheidend beeinflusst. Die oben genannten Strategien und Beispiele zeigen, dass ein proaktiver Umgang mit Risiken nicht nur Probleme löst, sondern auch neue Chancen eröffnet. Ein Einkäufer, der die Kunst des Risikomanagements beherrscht, wird zur unverzichtbaren Säule für den Erfolg seines Unternehmens.

Zahlen, Daten, Fakten – Die Basis erfolgreichen Einkaufs

Einleitung:
Zahlen als Schlüssel zu besseren Entscheidungen

Im modernen Einkauf sind Zahlen, Daten und Fakten das Rückgrat jeder Entscheidung. Sie liefern nicht nur Transparenz, sondern auch die Grundlage, um fundierte und strategische Entscheidungen zu treffen. Doch Zahlen allein sind wertlos, wenn sie nicht in den richtigen Kontext gesetzt und intelligent genutzt werden. Die Kunst besteht darin, Daten in Erkenntnisse zu verwandeln und diese in klaren, überzeugenden Argumenten zu präsentieren.

Dieses Kapitel zeigt, warum Kennzahlen für den Erfolg des Einkaufs entscheidend sind, wie sie sinnvoll in Entscheidungen integriert werden können und wie datenbasierte Argumentation das Vertrauen des Managements gewinnt.

Thema:
Wie wichtig Kennzahlen sind und wie man sie in Entscheidungen integriert

Kennzahlen (Key Performance Indicators, KPIs) sind mehr als nur Zahlen auf einem Dashboard. Sie geben dir Einblick in die Effizienz, Qualität und Nachhaltigkeit deiner Einkaufsprozesse. Doch wie kannst du sicherstellen, dass du die richtigen KPIs nutzt und diese effektiv in Entscheidungen einfließen lässt? Hier sind die entscheidenden Schritte:

1. Die Rolle von KPIs im Einkauf

- **Messbarkeit schaffen:**
  Ohne Kennzahlen bleibt der Einkauf abstrakt. KPIs machen Leistung messbar und zeigen, ob Ziele erreicht werden. Beispiel: Anstatt nur zu sagen „Wir arbeiten an Kostenreduktionen", kannst du mit einer KPI wie „Einsparungen pro Quartal" konkrete Fortschritte nachweisen.

- **Steuerung ermöglichen:**
  KPIs dienen als Kompass, der zeigt, ob deine Strategien funktionieren oder angepasst werden müssen. Praxis: Wenn der KPI „Lieferpünktlichkeit" sinkt, erkennst du frühzeitig, dass Maßnahmen zur Verbesserung der Logistik erforderlich sind.

- **Transparenz schaffen:**
  KPIs machen den Einkauf für das Management greifbar und stärken die Position der Einkaufsabteilung im Unternehmen.

2. Wichtige KPIs für den Einkauf

Kosten-KPIs:
- Einsparungen (z. B. in Prozent der Gesamtausgaben).
- Durchschnittlicher Einkaufspreis pro Warengruppe.

Lieferanten-KPIs:
- Lieferpünktlichkeit.
- Lieferantenqualität (z. B. Anzahl fehlerhafter Lieferungen pro Jahr).

Prozess-KPIs:
- Durchlaufzeiten (z. B. Zeit von der Bestellung bis zur Lieferung).
- Automatisierungsquote (Anteil der Bestellungen, die digital abgewickelt werden).

Nachhaltigkeits-KPIs:
- CO_2-Emissionen in der Lieferkette.
- Anteil nachhaltiger Lieferanten.

3. Integration von Kennzahlen in Entscheidungen

Kennzahlen werden dann wertvoll, wenn sie aktiv in Entscheidungsprozesse eingebunden werden. Hier sind die Schlüsselprinzipien:

- **Datenvisualisierung nutzen:**
  Dashboards oder Tools wie Tableau und Power BI machen KPIs verständlich und ermöglichen schnelle Analysen.

- **KPIs in Argumente übersetzen:**
  Zahlen allein überzeugen nicht. Stelle die Relevanz der KPIs für die Unternehmensziele heraus.
  Beispiel: Anstatt zu sagen „Unsere Lieferpünktlichkeit liegt bei 95 %", kannst du erklären: „Dank der hohen Lieferpünktlichkeit konnten wir Verzögerungen in der Produktion vermeiden und Kosten sparen."

- **Entscheidungen anpassen:**
  KPIs sind dynamisch. Analysiere regelmäßig, ob deine KPIs noch sinnvoll sind, und passe deine Strategien entsprechend an.

Geschichte:
Ein Einkäufer überzeugt das Management durch datenbasierte Argumentation

Herausforderung

Die Einkaufsabteilung eines mittelständischen Unternehmens stand unter Druck. Die Produktionsleitung klagte über zu viele Lieferverzögerungen, und die Geschäftsführung forderte deutliche Kosteneinsparungen. Martin, ein erfahrener Einkäufer, sah sich der Aufgabe gegenüber, sowohl das Vertrauen des Managements zu gewinnen als auch die Prozesse zu optimieren.

Strategie

Martin wusste, dass er mit Fakten überzeugen musste. Er entwickelte ein Dashboard mit den wichtigsten KPIs:

1. **Lieferpünktlichkeit:** 89 %.
2. **Durchschnittliche Einsparungen:** 5 % der Gesamtausgaben.
3. **Lieferantenqualität:** 98 % der Lieferungen waren fehlerfrei.
4. **Durchschnittliche Beschaffungszeit:** 15 Tage.

Martin erkannte, dass die Lieferpünktlichkeit der größte Schwachpunkt war. Er analysierte die Daten weiter und stellte fest, dass ein bestimmter Lieferant 60 % der Verzögerungen verursachte.

Präsentation vor dem Management

Martin präsentierte seine Erkenntnisse in einer klaren, datenbasierten Argumentation:

- **Erklärung des Problems:**
  „Unsere Lieferpünktlichkeit liegt derzeit bei 89 %, was zu Produktionsverzögerungen führt. Ein Lieferant ist für den Großteil der Probleme verantwortlich."

- **Lösungsansatz:**
  „Durch die Einführung eines zusätzlichen Lieferanten und klare Vereinbarungen zur Lieferpünktlichkeit könnten wir die Rate auf 95 % erhöhen."

- **Kosten-Nutzen-Analyse:**
  „Die Kosten für einen neuen Lieferanten würden durch die Vermeidung von Produktionsstillständen und die damit verbundenen Einsparungen mehr als ausgeglichen."

Ergebnis

Das Management war von Martins datenbasierter Herangehensweise überzeugt. Die Einkaufsabteilung erhielt zusätzliche Ressourcen, um die Lieferantenbasis zu erweitern. Innerhalb von sechs Monaten stieg die Lieferpünktlichkeit auf 96 %, und das Unternehmen sparte 150.000 Euro durch optimierte Prozesse.

Praxisaufgabe: Entwickle eine KPI-Liste, die für deinen Einkaufserfolg entscheidend ist

Ziel der Aufgabe

Diese Aufgabe hilft dir, die wichtigsten KPIs für deinen Einkauf zu definieren und sie in deinen Entscheidungsprozessen zu verankern.

1. Status quo analysieren
- Welche Daten hast du derzeit verfügbar? Beispiel: Lieferzeiten, Preise, Qualität der Lieferungen.
- Welche Schwachstellen möchtest du verbessern? Beispiel: Verzögerungen, hohe Kosten, mangelnde Transparenz.

2. KPIs auswählen
Wähle die KPIs aus, die für deinen Einkaufserfolg am relevantesten sind. Beispiele:
- **Kosten:** Einsparungen in Prozent, Einkaufspreis pro Einheit.
- **Lieferanten:** Pünktlichkeit, Qualitätsrate, Anzahl alternativer Lieferanten.
- **Nachhaltigkeit:** CO_2-Reduktion, Anteil zertifizierter Lieferanten.

3. Ziele setzen
Definiere konkrete Ziele für deine KPIs. Beispiel: „Lieferpünktlichkeit soll innerhalb von 6 Monaten auf 95 % steigen."

4. Umsetzung planen

Welche Maßnahmen helfen dir, deine Ziele zu erreichen? Beispiel: Einführung eines Lieferantenbewertungssystems, Verhandlungen über Lieferbedingungen.

5. Erfolg messen

Überprüfe regelmäßig die Fortschritte deiner KPIs und passe deine Strategien bei Bedarf an.

Essenz

Zahlen, Daten, Fakten als Erfolgsfaktor. Kennzahlen sind nicht nur Werkzeuge – sie sind der Schlüssel, um den Einkauf zu steuern, Prozesse zu verbessern und das Management zu überzeugen. Ein Einkäufer, der seine KPIs kennt und nutzt, wird vom Verwalter zum strategischen Partner. Mit einer klaren Datenbasis kannst du nicht nur fundierte Entscheidungen treffen, sondern auch zeigen, wie wertvoll der Einkauf für das gesamte Unternehmen ist.

Nutze die Erkenntnisse und die Praxisaufgabe aus diesem Kapitel, um deine KPIs zu definieren und deine Einkaufsstrategie auf ein neues Level zu heben.

Die Kunst der Verhandlung – Zwischen Härte und Empathie

Einleitung:
Verhandeln als Schlüsselkompetenz

Verhandlungen sind das Herzstück des Einkaufs – sie entscheiden über Preise, Qualität, Lieferzeiten und letztlich über den Erfolg eines Unternehmens. Doch erfolgreiche Verhandlungen sind weit mehr als ein Wettbewerb um den besten Preis. Sie erfordern eine Balance aus Härte, um die eigenen Interessen durchzusetzen, und Empathie, um die Beziehung zum Verhandlungspartner zu stärken.

Dieses Kapitel zeigt dir, wie du durch eine Mischung aus Soft Skills und taktischem Geschick nicht nur bessere Verhandlungsergebnisse erzielst, sondern auch nachhaltige Beziehungen zu deinen Geschäftspartnern aufbaust.

Thema:
Wie du Verhandlungen durch Soft Skills und Taktik meisterst

1. Die Grundlagen einer erfolgreichen Verhandlung
Eine Verhandlung ist wie ein Tanz – sie erfordert Takt, Timing und ein gutes Gespür für den Partner. Die Basis jeder erfolgreichen Verhandlung sind drei wesentliche Elemente:

- **Vorbereitung:**
  Informiere dich umfassend über deinen Verhandlungspartner. Kenne seine Ziele, Herausforderungen und Bedürfnisse. Definiere deine eigenen Ziele: Was willst du erreichen? Welche Kompromisse bist du bereit einzugehen? Beispiel: Ein Einkäufer, der vor einer Preisverhandlung steht, sollte nicht nur den aktuellen Marktpreis kennen, sondern auch die Produktionskosten des Lieferanten und potenzielle Alternativen.

- **Verhandlungsstrategie:**
  Wähle eine Strategie, die zu deinem Ziel passt. Möchtest du ein hartes Ergebnis durchsetzen oder eine langfristige Partnerschaft aufbauen? Taktiken wie das „Anker setzen" (einen ersten Preisvorschlag machen) oder das „Good Cop/Bad Cop"-Spiel können je nach Situation effektiv sein.

- **Kommunikation:**
  Klare, respektvolle Kommunikation ist entscheidend. Höre aktiv zu, stelle offene Fragen und vermeide Vorwürfe oder aggressive Aussagen. Beispiel: Anstatt zu sagen: „Ihr Preis ist viel zu hoch", könntest du formulieren: „Wie können wir gemeinsam einen Weg finden, der für beide Seiten wirtschaftlich sinnvoll ist?"

2. Soft Skills in der Verhandlung:

- **Die unterschätzte Macht:**
  Neben Zahlen, Daten und Taktiken sind es oft die Soft Skills, die den Unterschied machen. Emotionale Intelligenz, Empathie und die Fähigkeit, auf Augenhöhe zu kommunizieren, sind essenziell.

- **Empathie zeigt Stärke:**
  Verstehen, was den anderen antreibt, ist keine Schwäche – es ist eine Stärke. Beispiel: Ein Lieferant, der auf einer Preiserhöhung besteht, könnte durch steigende Rohstoffpreise unter Druck stehen. Indem du diese Herausforderung anerkennst, öffnest du die Tür für einen konstruktiven Dialog.

- **Selbstbewusstsein und Ruhe:**
  Bleibe auch in hitzigen Diskussionen ruhig und souverän. Zeige, dass du deine Position kennst und bereit bist, deine Interessen zu vertreten. Tipp: Pausen in einer Verhandlung können dir helfen, Druck abzubauen und dir Zeit zum Nachdenken zu verschaffen.

- **Beziehungsaufbau:**
  Denke langfristig. Eine faire Verhandlung, bei der beide Seiten gewinnen, stärkt die Geschäftsbeziehung und sorgt für zukünftigen Erfolg. Beispiel: Anstatt nur auf einem niedrigeren Preis zu

bestehen, könntest du nach zusätzlichen Leistungen wie schnellerer Lieferung oder verlängerten Zahlungszielen fragen.

Metapher:
„Verhandlungen sind wie Schach –
Denke mehrere Züge voraus"

Eine Verhandlung ist wie eine Partie Schach. Jeder Zug, den du machst, hat Konsequenzen, und ein guter Verhandler denkt immer mehrere Schritte voraus.

- **Eröffnung:**
Wie im Schach legst du mit deinen ersten Zügen die Grundlage für den weiteren Verlauf. Ein starker „Ankerpreis" oder eine klare Zielsetzung gibt dir die Kontrolle.

- **Mittelspiel:**
Hier beginnt das eigentliche Ringen um Positionen. Du analysierst die Bewegungen deines Gegenübers, passt deine Strategie an und nutzt Schwächen aus. Beispiel: Wenn dein Gegenüber unsicher über seine Zahlen ist, könntest du diese Lücke nutzen, um bessere Konditionen auszuhandeln.

- **Endspiel:**
Die Verhandlung nähert sich dem Abschluss. Hier geht es darum, das Beste aus der Situation herauszuholen, ohne die Beziehung zu gefährden. Tipp: Biete dem Partner einen „Siegmoment" – ein kleines Zugeständnis, das ihm das Gefühl gibt, auch gewonnen zu haben.

Meine 5 wichtigsten Schritte zur erfolgreichen Verhandlung

1. Vorbereitung:
Informiere dich über Marktpreise, Lieferantendaten und alternative Optionen. Definiere dein Ziel: Welche Ergebnisse sind für dich akzeptabel? Was ist dein Minimalziel? Unter welchen Bedingungen gilt ihr Verhandlungsziel immer noch als erreicht? Das Minimalziel zeigt genau diese Grenze an, die aus Ihrer Sicht nicht unterschritten werden darf. Wenn angebotene Lösungen unterhalb dieser Marke liegen, müssen Sie sich fragen, ob eine Einigung überhaupt möglich ist oder ob Sie aus der Verhandlung aussteigen. Was ist dein Maximalziel? Das Maximalziel sagt aus, was Du im Idealfall erreichen willst. Wie sieht der optimale, aber auch erreichbare Ausgang der Verhandlung für Dich aus? Hiermit startest Du die Verhandlung.

2. Strategie:
Lege fest, ob du eine harte oder kooperative Verhandlungsstrategie verfolgen möchtest. Identifiziere potenzielle Schwachpunkte deines Gegenübers, aber sei fair.

3. Soft Skills einsetzen:
Höre aktiv zu und stelle gezielte Fragen. Bleibe empathisch und versuche, die Perspektive deines Gegenübers zu verstehen.

4. Taktisches Handeln:
Setze Ankerpreise, aber sei flexibel in deiner Argumentation. Nutze Pausen und stille Momente, um die Dynamik zu kontrollieren.

5. Abschluss:
Fasse die Ergebnisse klar zusammen und dokumentiere sie schriftlich.

Verhandlung nach dem DISG Modell

Meine Erfahrung im laufe meiner Einkäuferlaufbahn hat mir gezeigt, dass ein typengerechtes Verhandeln nach dem DISG Modell erfolgs-versprechend ist. Hierbei ist es wichtig meinen Gegenüber einschätzen zu können, um somit die passende Ansprache und richtige Verhand-lungsstrategie auszuwählen, damit die Erfolgswahrscheinlichkeit deutlich erhöht werden kann.

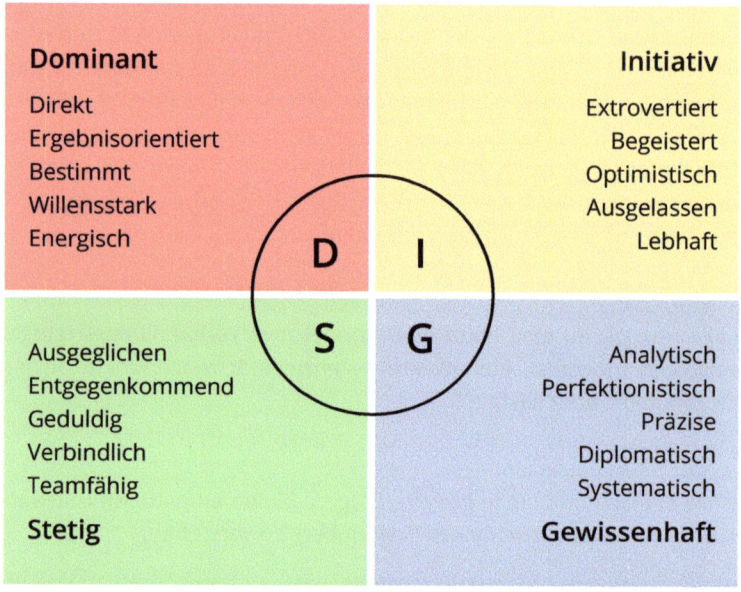

Quelle: DISG Modell nach Marston 1928

Verhandlung nach dem Structogramm

Ein weiteres probates Mittel welches ich oft in Verhandlungen anwende, ist das Verhandeln nach dem Structorgramm. In diesem 3-Farben Modell gemäß Abbildung geht es ebenfalls darum, meinen Gegenüber besser einschätzen zu können und dessen Motive zu erkennen.

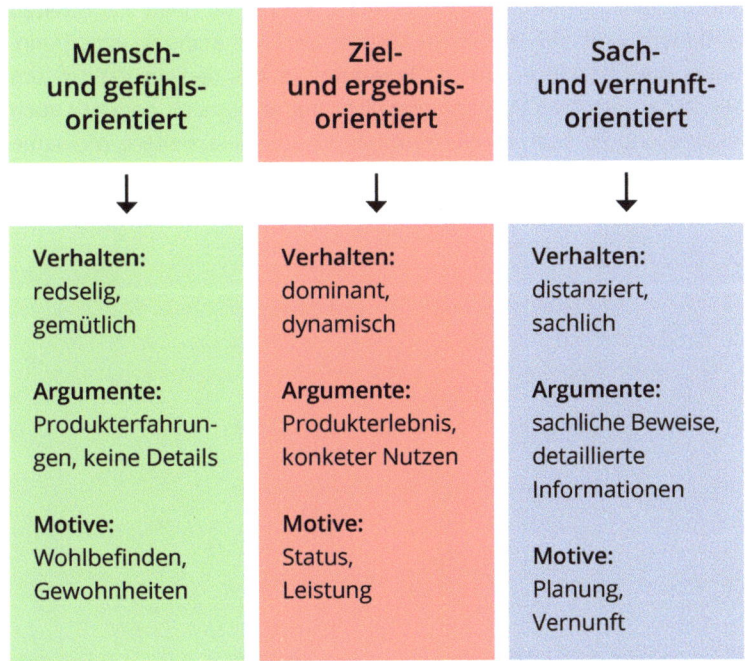

Quelle: Structrgramm nach Mac Lean P. D. 1990

Essenz

Die Kunst der Verhandlung. Verhandeln ist nicht nur eine Technik – es ist eine Kunst, die Strategie, Empathie und Kommunikation miteinander verbindet. Erfolgreiche Verhandler wissen, dass es nicht nur darum geht, kurzfristige Gewinne zu erzielen, sondern langfristige Beziehungen aufzubauen und nachhaltige Ergebnisse zu sichern.

Indem du Verhandlungen als eine Mischung aus Schachspiel, Tanz und Beziehungsmanagement begreifst, kannst du deine Fähigkeiten verfeinern und dich zu einem Meister der Verhandlung entwickeln. Nutze die Checkliste und die Erkenntnisse aus diesem Kapitel, um bei deiner nächsten Verhandlung nicht nur erfolgreich, sondern auch inspirierend zu sein. Es gibt darüber hinaus viele weitere wirksame Verhandlungsmethoden, ob um wertvolle Ergebnisse zu erzielen.

Nachhaltigkeit im Einkauf – Mehr als nur ein Trend

Einleitung:
Nachhaltigkeit als strategischer Erfolgsfaktor

Nachhaltigkeit ist längst mehr als ein moralisches Gebot oder ein kurzlebiger Trend. Sie ist ein strategischer Erfolgsfaktor, der Unternehmen nicht nur hilft, Umwelt- und Sozialverantwortung zu übernehmen, sondern auch ihre Widerstandsfähigkeit zu stärken und neue Geschäftspotenziale zu erschließen. Für Einkäufer bedeutet Nachhaltigkeit, Lieferketten so zu gestalten, dass sie ökologisch verträglich, sozial verantwortungsvoll und wirtschaftlich rentabel sind.

Dieses Kapitel beleuchtet, wie nachhaltige Einkaufsstrategien langfristige Werte schaffen, und zeigt praxisnahe Wege auf, wie Einkäufer aktiv zum Wandel beitragen können.

Thema:
Wie Einkäufer durch nachhaltige Strategien langfristige Werte schaffen

Nachhaltigkeit im Einkauf erfordert eine ganzheitliche Perspektive. Es geht nicht nur darum, Umweltstandards einzuhalten oder soziale Verantwortung zu übernehmen. Nachhaltigkeit ist ein Ansatz, der ökologische, soziale und wirtschaftliche Ziele miteinander verbindet, um langfristige Werte zu schaffen.

1. Ökologische Verantwortung

• **Ressourcenschonung:**
  Einkäufer können durch die Auswahl nachhaltiger Materialien und Lieferanten die Umweltbelastung reduzieren. Beispiel: Der Einkauf

recycelter Rohstoffe oder die Vermeidung von Einwegverpackungen kann den CO_2-Fußabdruck erheblich verringern.

- **Transportwege minimieren:**
  Lokale Beschaffung reduziert nicht nur Transportkosten, sondern auch Emissionen. Praxis: Ein Unternehmen ersetzt einen asiatischen Zulieferer durch einen regionalen Partner und spart dadurch 30 % der Logistikkosten sowie tausende Tonnen CO_2 ein.

2. Soziale Verantwortung

- **Faire Arbeitsbedingungen fördern:**
  Der Einkauf kann sicherstellen, dass Lieferanten soziale Standards einhalten, wie faire Löhne und humane Arbeitszeiten.

- **Partnerschaften auf Augenhöhe:**
  Langfristige Beziehungen zu Lieferanten stärken deren Stabilität und ermöglichen Innovationen. Beispiel: Ein Modeunternehmen führt ein Audit-Programm ein, um sicherzustellen, dass in seinen Lieferketten keine Kinderarbeit stattfindet.

3. Wirtschaftliche Resilienz

- **Risikominimierung:**
  Nachhaltige Lieferketten sind widerstandsfähiger gegen Störungen, wie geopolitische Konflikte oder Naturkatastrophen.

- **Innovation und Wettbewerbsfähigkeit:**
  Nachhaltigkeit fördert die Entwicklung neuer Produkte und Prozesse, die Unternehmen einen Wettbewerbsvorteil verschaffen. Praxis: Ein Unternehmen entwickelt ein neues Verpackungsmaterial, das biologisch abbaubar ist, und erschließt damit neue Märkte.

Fallstudie:
Ein Unternehmen erhöht die Resilienz seiner Lieferkette durch nachhaltiges Sourcing

Herausforderung

Die XY Green GmbH, ein mittelständisches Unternehmen im Bereich erneuerbare Energien, sah sich mit einer zunehmend fragilen Lieferkette konfrontiert. Der Zugang zu wichtigen Rohstoffen war durch geopolitische Spannungen und steigende Nachfrage gefährdet. Zudem forderten Kunden und Investoren mehr Transparenz und Nachhaltigkeit.

Strategie

Die Firma XY Green GmbH entschied sich, ihre Lieferkette grundlegend zu transformieren. Nachhaltigkeit wurde zum zentralen Element ihrer Beschaffungsstrategie.

1. Diversifizierung der Lieferantenbasis:
Das Unternehmen reduzierte seine Abhängigkeit von einzelnen Regionen, indem es Lieferanten aus Europa und Nordamerika einband. Gleichzeitig investierte es in Start-ups, die innovative Recyclingtechnologien entwickelten.

2. Nachhaltigkeitsstandards einführen:
XY Green etablierte einen Verhaltenskodex für Lieferanten, der Umwelt- und Sozialkriterien beinhaltete. Regelmäßige Audits sorgten dafür, dass die Standards eingehalten wurden.

3. Kollaborative Partnerschaften:

Das Unternehmen arbeitete eng mit seinen Lieferanten zusammen, um nachhaltige Prozesse zu entwickeln, wie die Nutzung erneuerbarer Energien in der Produktion.

Ergebnisse

- **Wirtschaftliche Resilienz:** XY Green reduzierte das Risiko von Lieferengpässen um 40 % und konnte die Produktion stabilisieren.
- **Nachhaltigkeit:** Der CO_2-Fußabdruck der Lieferkette wurde um 25 % gesenkt.
- **Markenstärkung:** XY Green positionierte sich als Vorreiter in der Branche, was zu einer Umsatzsteigerung von 15 % führte.

Praxisaufgabe: Identifiziere mindestens eine nachhaltige Initiative für deinen Einkauf

Ziel der Aufgabe

Du kannst zur Übung eine konkrete Maßnahmen entwickeln, um die Nachhaltigkeit in deiner eigenen Einkaufsstrategie zu fördern.

1. Status quo analysieren

Erstelle eine Übersicht deiner aktuellen Lieferkette:

- Welche Materialien und Lieferanten haben den größten ökologischen Fußabdruck?
- Werden soziale Standards eingehalten?
- Wo bestehen Risiken (z. B. Abhängigkeiten von einzelnen Lieferanten)?

2. Ziele setzen

• **Ökologie:** Wie kannst du die Umweltauswirkungen deiner Beschaffung reduzieren? *Beispiel: Umstellung auf recycelte Materialien oder lokale Lieferanten.*
• **Soziales:** Welche Standards möchtest du in der Zusammenarbeit mit Lieferanten sicherstellen? *Beispiel: Einhaltung der ILO-Arbeitsstandards. Das sind die Arbeits- und Sozialstandards der International Labour Organization.*
• **Wirtschaft:** Wie kannst du die Resilienz deiner Lieferkette erhöhen? *Beispiel: Diversifizierung von Lieferanten und Regionen.*

3. Maßnahmen planen

Wähle eine konkrete Initiative, die du umsetzen möchtest:

• Einführung eines Verhaltenskodex für Lieferanten.
• Reduktion von Einwegmaterialien.
• Zusammenarbeit mit Lieferanten, die erneuerbare Energien nutzen.

4. Umsetzung

Erstelle einen Zeitplan mit klaren Meilensteinen.

• Kurzfristig: Gespräche mit Lieferanten führen, um erste Schritte einzuleiten.
• Mittelfristig: Nachhaltigkeitsstandards in Verträge aufnehmen.
• Langfristig: Integration der Initiative in alle Prozesse.

5. Erfolg messen

Definiere KPIs, um den Fortschritt deiner Initiative zu bewerten:

• Reduktion des CO_2-Fußabdrucks.
• Anzahl der Lieferanten, die Nachhaltigkeitsstandards erfüllen.
• Kosteneinsparungen durch effizientere Prozesse

Essenz

Nachhaltigkeit als Investition in die Zukunft. Nachhaltigkeit ist keine Belastung, sondern eine Investition – in die Umwelt, die Gesellschaft und den langfristigen Erfolg deines Unternehmens. Als Einkäufer hast du die Möglichkeit, einen echten Unterschied zu machen, indem du Verantwortung übernimmst und deine Lieferketten aktiv gestaltest. Dieses Kapitel zeigt, dass nachhaltiges Sourcing nicht nur ökologisch und sozial wertvoll ist, sondern auch wirtschaftlich sinnvoll.

Nun liegt es an dir: Ergreife die Initiative, inspiriere andere und werde ein Vorreiter für Nachhaltigkeit im Einkauf. Die Zukunft beginnt mit deinen Entscheidungen.

Krisenmanagement – Wenn die Lieferkette bricht

Einleitung:
Die Stunde der Wahrheit

Krisen sind ein Prüfstein für jedes Unternehmen – und besonders für den Einkauf. In turbulenten Zeiten, wenn Lieferketten brechen und Ungewissheit herrscht, zeigt sich, ob Unternehmen gut vorbereitet sind. Für Einkäufer bedeutet eine Krise jedoch nicht nur Probleme, sondern auch eine Chance, ihre strategische Rolle zu beweisen und langfristige Resilienz aufzubauen.

Die COVID-19-Pandemie, geopolitische Konflikte oder Naturkatastrophen haben deutlich gemacht, wie verletzlich globale Lieferketten sind. Bei den derzeitigen Multikrisen werden diese Probleme möglicherweise noch länger anhalten. Doch mit den richtigen Strategien und Taktiken können Unternehmen nicht nur reagieren, sondern proaktiv handeln, um gestärkt aus der Krise hervorzugehen. Dieses Kapitel beleuchtet, wie Einkäufer in Krisenzeiten handlungsfähig bleiben, und gibt praxisnahe Werkzeuge an die Hand.

Wie Einkäufer in Krisen handlungsfähig bleiben

Krisenmanagement beginnt lange vor der eigentlichen Krise. Es ist ein kontinuierlicher Prozess, der auf drei Säulen beruht: **Vorbereitung, Flexibilität** und **Kommunikation**. Diese Säulen sind der Schlüssel, um in unsicheren Zeiten schnell und effektiv reagieren zu können.

1. Vorbereitung – Der Grundstein für Resilienz

• **Risikobewertung:** Unternehmen sollten regelmäßig Risiken entlang der gesamten Lieferkette bewerten. Dies umfasst finanzielle Schwächen von Lieferanten, geopolitische Risiken und Umweltbedrohungen.

- **Notfallpläne:** Szenarien wie der Ausfall eines Lieferanten oder Verzögerungen im Transport sollten durchdachte Alternativpläne haben.
- **Technologie:** Der Einsatz digitaler Tools ermöglicht es, potenzielle Risiken frühzeitig zu erkennen und zu bewerten.

2. Flexibilität – Anpassungsfähigkeit als Überlebensstrategie

- **Diversifizierung:** Abhängigkeiten von einzelnen Lieferanten oder Regionen sollten minimiert werden. Multisourcing und lokale Beschaffungsstrategien erhöhen die Widerstandsfähigkeit.
- **Agile Prozesse:** Unternehmen müssen in der Lage sein, Produktions- und Beschaffungspläne schnell anzupassen. Das erfordert eine enge Abstimmung zwischen Einkauf, Logistik und Produktion.

3. Kommunikation – Der Erfolgsfaktor in der Krise

- **Interne Abstimmung:** Ein Krisenteam mit klar definierten Rollen und Verantwortlichkeiten ist entscheidend.
- **Lieferantenbeziehungen:** Langfristige Partnerschaften mit Lieferanten zahlen sich in Krisenzeiten aus. Offene Kommunikation schafft Vertrauen und gemeinsame Lösungsansätze.

Ein Einkäufer navigiert durch eine globale Krise

Titel

„Navigieren durch den Sturm – Ein Einkäufer während der COVID-19-Pandemie"

Die Geschichte von Anne, einer erfahrenen Einkäuferin in einem mittelständischen Unternehmen, zeigt, wie Krisenmanagement in der Praxis funktioniert. Als die COVID-19-Pandemie die globalen Lieferketten lahmlegte, stand sie vor einer ihrer größten beruflichen Herausforderungen.

Auslöser

Die Lieferanten von Anne saßen vor allem in Asien, einer Region, die zu Beginn der Pandemie besonders hart getroffen wurde. Lockdowns führten zu Produktionsstillständen, und Transportwege waren unterbrochen. Gleichzeitig explodierte die Nachfrage nach den Produkten ihres Unternehmens – Maschinen zur Herstellung von Hygienematerialien.

Reaktion

1. Krisenbewältigung im Team:
Anne stellte ein Krisenteam zusammen, welches täglich die Situation analysierte und Prioritäten setzte.

2. Suche nach Alternativen:
Sie identifizierte neue Lieferanten in Europa und konnte trotz hoher Kosten die benötigten Teile beschaffen.

3. Kommunikation mit Kunden:
Anne hielt die Kunden kontinuierlich über Lieferverzögerungen und Fortschritte informiert. Die Transparenz stärkte das Vertrauen in das Unternehmen.

Ergebnis

Anne und ihr Team meisterten die Krise, indem sie pragmatisch und schnell handelten. Trotz anfänglicher Engpässe gelang es, die Produktion innerhalb von zwei Monaten wieder zu stabilisieren. Die Pandemie wurde für Anne zu einer Bewährungsprobe, aus der sie gestärkt hervorging.

Schlüsselerkenntnis

Krisen erfordern nicht nur schnelle Entscheidungen, sondern auch vorausschauende Planung. Wer flexibel bleibt und klar kommuniziert, kann selbst in schwierigen Zeiten Erfolge erzielen.

Checklisten:
Bin ich vorbereitet? – Meine persönliche Krisenstrategie

Die Frage ist nicht **ob**, sondern **wann** eine Krise eintritt: Lieferanten fallen aus, globale Störungen wie Pandemien oder Kriege beeinträchtigen die Beschaffung, oder Rohstoffknappheit bringt deine Lieferkette ins Wanken. Ein professioneller Einkäufer handelt proaktiv – er plant vor, statt nur zu reagieren.

Diese Checkliste hilft dir dabei, deine Vorbereitung auf Krisen zu analysieren und eine belastbare persönliche **Krisenstrategie** zu entwickeln. Gehe Punkt für Punkt durch und finde heraus, wo du bereits gut aufgestellt bist und wo du noch nachbessern kannst.

1. Risikoanalyse: Erkenne die Schwachstellen deiner Lieferkette

✓ Habe ich meine Lieferkette vollständig analysiert und dokumentiert?

Tipp: Erstelle eine Übersicht deiner wichtigsten Lieferanten und Materialien – inkl. Abhängigkeiten und Lieferwege.

✓ Kenne ich meine kritischen Lieferanten und Warengruppen?

Tipp: Identifiziere die Lieferanten und Produkte, bei denen ein Ausfall den größten Schaden verursachen würde.

✓ Überprüfe ich regelmäßig die finanzielle Stabilität meiner Lieferanten?

Tipp: Nutze Bonitätsauskünfte und Risikoberichte, um frühzeitig Warnzeichen zu erkennen.

✓ Habe ich alternative Lieferanten für kritische Materialien identifiziert?

Tipp: Baue ein Netzwerk von Backup-Lieferanten auf und teste deren Leistungsfähigkeit regelmäßig.

✓ Berücksichtige ich externe Risiken wie politische Unruhen, Naturkatastrophen oder wirtschaftliche Veränderungen?

Tipp: Verfolge geopolitische Entwicklungen und nutze Tools zur Risikobewertung, um potenzielle Bedrohungen frühzeitig zu erkennen.

2. Kommunikation und Krisenreaktion: Bin ich handlungsfähig, wenn der Ernstfall eintritt?

✓ Habe ich einen klaren Krisenplan erstellt, der alle notwendigen Schritte im Ernstfall definiert?

Tipp: Ein Krisenplan sollte konkrete Maßnahmen, Verantwortlichkeiten und Eskalationsstufen enthalten.

✓ Kenne ich die wichtigsten Ansprechpartner im Krisenfall – intern und extern?

Tipp: Erstelle eine Liste mit Kontaktdaten der Geschäftsführung, Lieferanten, Spediteure und Notfall-Partner.

✓ Habe ich regelmäßige Krisensimulationen oder „Stresstests" durchgeführt?

Tipp: Spiele Krisenszenarien durch, um zu testen, wie schnell und effektiv du reagieren kannst.

✓ Kommuniziere ich offen und regelmäßig mit meinen Stakeholdern während einer Krise?

Tipp: Informiere frühzeitig über Probleme und Maßnahmen, um Vertrauen zu bewahren.

✓ Habe ich ein Notfallbudget für zusätzliche Kosten (z. B. Expresskosten)?

Tipp: Halte finanzielle Ressourcen bereit.

3. Resilienz der Lieferkette: Baue eine krisenfeste Beschaffung auf

✓ Arbeite ich mit mehreren Lieferanten (Dual- oder Multi-Sourcing) für kritische Materialien?

Tipp: Vermeide Abhängigkeit von einzelnen Lieferanten oder Regionen.

✓ Habe ich lokale und regionale Lieferanten als Backup identifiziert?

Tipp: Regionale Lieferanten können Lieferausfälle in globalen Krisen abfedern.

✓ Nutze ich digitale Tools zur Überwachung meiner Lieferkette in Echtzeit?

Tipp: Systeme wie Supply Chain Monitoring oder Track-and-Trace helfen dir, Störungen frühzeitig zu erkennen.

✓ Habe ich Lagerbestände und Sicherheitsreserven für kritische Materialien eingeplant?

Tipp: Baue strategische Pufferbestände auf, um kurzfristige Ausfälle zu überbrücken.

✓ Arbeite ich eng mit meinen Lieferanten zusammen, um Risiken gemeinsam zu reduzieren?

Tipp: Führe regelmäßige Risikomeetings durch und entwickle gemeinsame Lösungen.

4. Flexibilität und Innovation: Bin ich für die Zukunft gerüstet?

✓ Setze ich auf innovative Lösungen, um Lieferketten effizienter zu gestalten (z. B. KI-Tools)?

Tipp: Nutze datengetriebene Technologien, um Engpässe vorherzusagen und Alternativen zu planen.

✓ Prüfe ich regelmäßig neue Beschaffungsstrategien wie Nearshoring oder Reshoring?

Tipp: Lokale Beschaffung reduziert Risiken bei globalen Störungen.

✓ Habe ich in meinem Team klare Rollen und Verantwortlichkeiten für das Krisenmanagement definiert?

Tipp: Bestimme „Krisenverantwortliche" und schule dein Team im Umgang mit Notfällen.

5. Persönliche Reflexion: Bin ich als Einkäufer gut vorbereitet?

✓ Bin ich in der Lage, in stressigen Situationen ruhig und zielorientiert zu handeln?

Tipp: Arbeite an deiner Resilienz und übe, unter Druck klare Entscheidungen zu treffen.

✓ Habe ich in der Vergangenheit aus Krisen gelernt und Prozesse verbessert?

Tipp: Dokumentiere jede Krise und leite konkrete Maßnahmen ab, um besser vorbereitet zu sein.

✓ Entwickle ich mich kontinuierlich weiter, um neue Herausforderungen im Einkauf zu meistern?

Tipp: Bleibe up-to-date: Besuche Weiterbildungen, Seminare und informiere dich über neue Trends.

Fazit:
Deine persönliche Krisenstrategie –
Bereit für den Ernstfall

Krisen sind nicht vermeidbar, aber mit der richtigen Vorbereitung kannst du sie **meistern.** Diese Checkliste hilft dir, Schwachstellen frühzeitig zu erkennen, klare Notfallpläne zu entwickeln und deine Lieferkette widerstandsfähiger zu machen. Ein erfolgreicher Einkäufer zeichnet sich dadurch aus, dass er in schwierigen Zeiten **kühl bleibt, schnell handelt** und Lösungen findet.

Merke: „Nicht die Krise selbst entscheidet über Erfolg oder Misserfolg, sondern deine Fähigkeit, darauf vorbereitet zu sein und aktiv zu reagieren."

Essenz

Krisenmanagement im Einkauf erfordert Weitsicht, Schnelligkeit und ein starkes Team. Mit den richtigen Strategien und einer klaren Vorbereitung können Unternehmen nicht nur auf Krisen reagieren, sondern ihre Lieferketten widerstandsfähiger und zukunftssicher gestalten.

Einkäufer wie Anne zeigen, dass pragmatisches Handeln und offene Kommunikation den Unterschied machen können – auch in den schwierigsten Zeiten.

Soft Skills und Emotionale Intelligenz im Einkauf

Einleitung:
Der Mensch im Mittelpunkt –
Die neue Rolle des Einkäufers

Die Zeiten, in denen Einkäufer lediglich als Zahlenjongleure oder Vertragsverhandler wahrgenommen wurden, sind längst vorbei. In einer zunehmend globalisierten und komplexen Welt, in der Lieferketten fragiler und Beziehungen entscheidender werden, hat sich die Rolle des Einkäufers grundlegend verändert. Heute ist der Einkäufer nicht nur ein Manager von Kosten, sondern ein Gestalter von Beziehungen – sowohl intern als auch extern.

Soft Skills und emotionale Intelligenz sind die entscheidenden Fähigkeiten, die den Unterschied zwischen einem guten und einem herausragenden Einkäufer ausmachen. Dieses Kapitel beleuchtet, warum diese Fähigkeiten essenziell sind, und zeigt, wie sie im Alltag gezielt eingesetzt werden können.

Warum emotionale Intelligenz im Einkauf entscheidend ist

Emotionale Intelligenz (EQ) beschreibt die Fähigkeit, eigene und fremde Emotionen zu erkennen, zu verstehen und gezielt zu steuern. Sie besteht aus mehreren Schlüsselkompetenzen, die im Einkauf besonders wichtig sind:

1. Selbstwahrnehmung:
Ein Einkäufer, der seine eigenen Emotionen kennt und versteht, kann rationaler handeln, auch wenn Verhandlungen hitzig werden. Beispiel: Sie erkennen, dass Ihre Frustration bei einer angespannten Verhandlung auf hohen Zeitdruck zurückzuführen ist – und vermeiden, diese Emotion auf den Lieferanten zu projizieren.

2. *Empathie:*

Die Fähigkeit, sich in die Perspektive des Gegenübers zu versetzen, ermöglicht es, dessen Bedürfnisse und Zwänge besser zu verstehen. Beispiel: Ein Lieferant, der oft verspätet liefert, könnte aufgrund interner Kapazitätsprobleme handeln. Mit Empathie können Sie gemeinsam eine Lösung finden.

3. *Selbstregulierung:*

In stressigen Situationen ruhig zu bleiben, ist eine Kunst. Diese Fähigkeit verhindert, dass emotionale Reaktionen Entscheidungen beeinträchtigen. Beispiel: Anstatt in einer hitzigen Diskussion die Kontrolle zu verlieren, machen Sie eine strategische Pause, um die Situation zu entschärfen.

4. *Beziehungsmanagement:*

Der Aufbau von vertrauensvollen und langfristigen Beziehungen ist eine der wichtigsten Aufgaben im Einkauf. Emotionale Intelligenz hilft, Konflikte zu lösen und gemeinsame Ziele zu finden.

Metapher:
Der Einkäufer als Brücke zwischen Menschen, Märkten und Management

Ein Einkäufer ist wie eine Brücke, die Menschen, Märkte und das Management miteinander verbindet. Diese Brücke trägt große Lasten und muss flexibel genug sein, um sich an Veränderungen anzupassen, ohne ihre Stabilität zu verlieren.

- **Fundament der Brücke – Empathie:** Empathie ist das Fundament, das Vertrauen schafft. Ohne sie würde die Brücke unter dem Gewicht von Missverständnissen und Konflikten zerbrechen.

- **Tragende Säulen – Kommunikation:** Klare, respektvolle Kommunikation ist das tragende Element, das die Verbindung zwischen allen Parteien aufrechterhält.

- **Wartung – Selbstreflexion:** Regelmäßige Selbstreflexion stellt sicher, dass die Brücke stabil bleibt und nicht durch unbewusste Vorurteile oder unüberlegte Reaktionen beschädigt wird.

- **Flexibilität – Anpassungsfähigkeit:** Die Brücke muss sich biegen können, ohne zu brechen. Anpassungsfähigkeit ist der Schlüssel, um mit unterschiedlichen Persönlichkeiten, Märkten und Herausforderungen umzugehen.

Ohne diese Elemente würde die Brücke wackeln oder gar einstürzen. Doch mit der richtigen emotionalen Intelligenz wird sie zu einem stabilen Fundament für langfristige Erfolge.

Praxisaufgabe:
Ein aktuelles Problem durch Soft Skills lösen

Ziel

Erkenne, wie du ein aktuelles Problem im beruflichen Alltag durch gezielten Einsatz von Soft Skills bewältigen kannst.

1. Schritt: Problem identifizieren
Wähle ein spezifisches Problem aus deinem beruflichen Alltag. Beispiele:

- Ein Lieferant liefert wiederholt verspätet, und die Verhandlungen über eine Lösung stocken.
- Ein interner Stakeholder hat unrealistische Erwartungen an die Beschaffung.

2. Schritt: Emotionen analysieren

Welche Emotionen prägen die Situation?

- Bei dir: Frustration, Ungeduld, Unsicherheit?
- Beim Gegenüber: Angst, Überforderung, Unzufriedenheit?

Beispiel: Der Lieferant könnte Angst haben, einen großen Auftrag zu verlieren, und versucht deshalb, Mängel zu verbergen.

3. Schritt: Soft Skills einsetzen

- Empathie: Versuche, die Perspektive des Gegenübers einzunehmen. Welche Zwänge und Herausforderungen könnten seine Entscheidungen beeinflussen? Beispiel: Ein Lieferant, der sich in einer finanziellen Krise befindet, könnte Schwierigkeiten haben, pünktlich zu liefern.
- Selbstregulierung: Kontrolliere deine eigene Reaktion. Vermeide es, Vorwürfe zu machen, und konzentriere dich auf eine konstruktive Lösung.
- Kommunikation: Stelle offene Fragen, um die wahren Hintergründe zu erfahren: „Was können wir tun, um Sie zu unterstützen, damit die Lieferungen wieder pünktlich erfolgen?"

4. Schritt: Lösung erarbeiten

Entwickle eine konkrete Strategie zur Problemlösung:
Beispiel: Schlage vor, die Liefermenge zu reduzieren, um die Belastung des Lieferanten zu verringern. Parallel dazu arbeiten Sie an einem langfristigen Plan zur Stabilisierung.

5. Schritt: Reflexion

Was hat gut funktioniert? Welche Soft Skills haben besonders geholfen? Wie kannst du diese Fähigkeiten weiter ausbauen?

Beispiel aus der Praxis:

Ein Einkäufer steht vor einem Konflikt mit dem Produktionsleiter, der über Materialengpässe klagt. Durch Empathie erkennt der Einkäufer, dass der Produktionsdruck den Leiter emotional belastet. Anstatt den Konflikt zu eskalieren, schlägt der Einkäufer vor, einen gemeinsamen Termin mit dem Lieferanten zu vereinbaren, um Engpässe zu analysieren. Die Lösung: Der Lieferant stimmt einer kurzfristigen Sonderlieferung zu, während langfristige Alternativen geprüft werden.

Essenz

Emotionale Intelligenz ist die unsichtbare Kraft, die Einkäufer zu wahren Brückenbauern macht. Sie verbindet Menschen, Märkte und Management und schafft Vertrauen, Resilienz und langfristigen Erfolg. Dieses Kapitel zeigt, dass Soft Skills und emotionale Intelligenz keine Zusatzfähigkeiten sind, sondern essenziell für den modernen Einkauf.

Die Praxisaufgabe bietet eine Möglichkeit, diese Fähigkeiten gezielt einzusetzen und alltägliche Herausforderungen souverän zu meistern.

Die Zukunft des Einkaufs – Digitalisierung und Künstliche Intelligenz

Einleitung:
Die Revolution im Einkauf

Die Digitalisierung hat viele Bereiche unseres Lebens verändert, aber im Einkauf stehen wir erst am Anfang einer radikalen Transformation. Technologien wie Künstliche Intelligenz (KI), Big Data und Blockchain eröffnen ungeahnte Möglichkeiten. Sie versprechen nicht nur Effizienzgewinne, sondern auch eine völlig neue Herangehensweise an strategisches Sourcing, Lieferantenmanagement und Entscheidungsfindung.

Doch die Frage ist nicht, ob diese Technologien eingesetzt werden sollen – sondern wie. Unternehmen, die frühzeitig in digitale Werkzeuge investieren und ihre Prozesse anpassen, werden nicht nur überleben, sondern auch in einer zunehmend datengetriebenen Welt florieren.

Dieses Kapitel zeigt, wie Technologien den Einkauf revolutionieren, und bietet praxisorientierte Einblicke in ihre Anwendung.

Thema:
Wie Technologien den Einkauf transformieren

Die digitale Transformation des Einkaufs ist kein einheitlicher Prozess, sondern umfasst viele Facetten, die Einkäufern neue Möglichkeiten bieten. Drei zentrale Bereiche stehen dabei im Mittelpunkt:

1. Effizienz durch Automatisierung

• **Routineaufgaben delegieren:** Tätigkeiten wie Bestellungen, Rechnungsbearbeitung und einfache Vertragsmanagementprozesse können durch Automatisierungstools erledigt werden. Das spart Zeit und minimiert menschliche Fehler.

- **Beispiel:** Ein mittelständisches Unternehmen implementierte ein Procurement-Tool, das automatisch Bestellungen auslöst, wenn Lagerbestände unter einen definierten Schwellenwert fallen.
- **Ergebnis:** eine 40 %ige Reduktion manueller Arbeitsstunden im Einkauf.

2. Strategische Entscheidungen durch Daten

- **Big Data und KI:** Datenanalysen liefern Einkäufern wertvolle Erkenntnisse über Marktentwicklungen, Lieferantenrisiken und Optimierungsmöglichkeiten. KI kann Muster erkennen und Prognosen erstellen, die weit über menschliche Fähigkeiten hinausgehen.
- **Vorhersagen:** Mit Machine Learning können potenzielle Störungen in der Lieferkette frühzeitig erkannt und Alternativpläne entwickelt werden.
- **Praxis:** Ein Unternehmen in der Automobilbranche nutzte KI, um Rohstoffpreise vorherzusagen und sparte durch gezielte Lagerstrategien eine hohe 6-stellige Summe ein.

3. Nachhaltigkeit und Innovation

- **Technologien fördern Nachhaltigkeit:** Tools wie EcoVadis ermöglichen es, die ESG-Performance (Environmental, Social, Governance) von Lieferanten zu bewerten und so nachhaltigere Entscheidungen zu treffen.
- **Blockchain:** Diese Technologie schafft Transparenz in der Lieferkette, indem sie jeden Schritt dokumentiert. Dies ist besonders nützlich für Branchen mit strengen Rückverfolgbarkeitsanforderungen, wie die Automotive- oder Pharmaindustrie.

Fallstudie:
Ein Unternehmen implementiert
KI-gestützte Lieferantenanalysen

Herausforderung: Transparenz und Effizienz in der Lieferantenauswahl

Die YZ GmbH, ein Hersteller nachhaltiger Verpackungen, hatte Schwierigkeiten, die besten Lieferanten für seine Bedürfnisse zu finden. Die manuelle Bewertung von Lieferanten nach Kriterien wie Preis, Qualität und Nachhaltigkeit war zeitaufwendig und oft fehleranfällig. Gleichzeitig forderten Kunden mehr Transparenz in der Lieferkette.

Lösung: Einführung einer KI-gestützten Plattform

Die YZ GmbH entschied sich für die Implementierung eines KI-Tools, das Lieferanten automatisch nach vordefinierten Kriterien analysiert. Die Plattform ermöglichte es, riesige Mengen an Daten zu verarbeiten und Lieferanten in Sekunden zu bewerten.

Funktionen:
- Automatische Bewertung von ESG-Kennzahlen (z. B. CO_2-Emissionen, Recyclingfähigkeit).
- Analyse der finanziellen Stabilität und Lieferpünktlichkeit der Lieferanten.
- Empfehlungen für alternative Lieferanten in Krisenzeiten.

Ergebnisse

1. Zeitersparnis:
Die Auswahlprozesse wurden um 85 % beschleunigt.

2. *Qualitätssteigerung:*

Die Zusammenarbeit mit den besten Lieferanten führte zu einer messbaren Verbesserung der Produktqualität.

3. *Nachhaltigkeit:*

Das Unternehmen konnte seinen CO_2-Fußabdruck um 25 % reduzieren, indem es gezielt Lieferanten mit niedrigen Emissionen auswählte.

Schlüsselerkenntnis: KI ist mehr als ein Werkzeug – sie ist ein strategischer Partner, der Transparenz, Effizienz und Nachhaltigkeit fördert.

Checkliste:
Digitale Tools, die deinen Einkauf verbessern

Diese Checkliste bietet eine Übersicht der wichtigsten Technologien, die Einkäufer heute einsetzen können, um ihre Arbeit zu optimieren.

1. *Automatisierungstools*

- Funktion: Automatisierung von Routineaufgaben wie Rechnungsprüfung oder Bestellmanagement.
- Nutzen: Zeitersparnis, Fehlerreduktion.

2. *KI-gestützte Analysen*

- Funktion: Lieferantenbewertung, Risikoanalysen, Marktprognosen.
- Nutzen: Fundierte Entscheidungsfindung, Vorhersage von Markttrends.

3. *Datenvisualisierung*

- Funktion: Visualisierung komplexer Daten in Echtzeit-Dashboards.
- Nutzen: Übersichtlichkeit und bessere Kommunikation mit Stakeholdern.

4. Nachhaltigkeitstools

- Funktion: Bewertung von ESG-Kriterien und Nachhaltigkeitsstandards.
- Nutzen: Förderung umweltfreundlicher und sozial verantwortlicher Lieferketten.

5. Blockchain-Lösungen

- Funktion: Rückverfolgbarkeit und Transparenz in der Lieferkette.
- Nutzen: Sicherstellung von Qualitäts- und Nachhaltigkeitsstandards.

6. Kommunikationsplattformen

- Funktion: Verbesserung der internen und externen Zusammenarbeit.
- Nutzen: Effizientere Absprachen und Entscheidungsprozesse.

Die Softwaremöglichkeiten zu diesen 6 Punkten werden detailiert im Rahmen meiner Unternehmensberatung von SE Consulting Ettwein aufgezeigt.

Essenz

Die Digitalisierung des Einkaufs ist mehr als ein technischer Fortschritt – sie ist eine grundlegende Veränderung der Arbeitsweise. Einkäufer, die Technologien wie z. B. KI aktiv nutzen, schaffen nicht nur Effizienz, sondern etablieren den Einkauf als strategischen Treiber im Unternehmen. Dieses Kapitel zeigt, dass die Zukunft des Einkaufs denen gehört, die bereit sind, die Möglichkeiten der digitalen Transformation voll auszuschöpfen.

Innovationsmanagement im Einkauf – Wie du durch innovative Ideen und Ansätze langfristige Wettbewerbsvorteile erzielst

Einleitung:
Innovation beginnt im Einkauf

Stell dir vor, dein Unternehmen steht vor der Herausforderung, Kosten zu reduzieren, gleichzeitig die Qualität zu verbessern und im Wettbewerb die Nase vorn zu haben. Die klassische Lösung: den Lieferanten zu besseren Preisen zu zwingen. Aber was passiert, wenn diese Preisschraube ausgereizt ist? Hier zeigt sich die wahre Rolle eines strategischen Einkäufers: **Er treibt Innovationen voran und macht aus Lieferanten echte Partner für den Unternehmenserfolg.**

Im Einkauf liegt enormes Potenzial, um Innovationen anzustoßen. Schließlich sind es oft Lieferanten, die Zugang zu neuen Technologien, Materialien oder Prozessen haben, die deinem Unternehmen den entscheidenden Vorsprung verschaffen können. Wer diesen Schlüssel nutzt, macht aus dem Einkauf nicht nur eine Beschaffungsabteilung, sondern einen Motor für Wachstum und Wettbewerbsfähigkeit.
In diesem Kapitel zeige ich dir, wie du Innovationsmanagement in deinem Einkauf etablierst, welche Schritte du dafür brauchst und wie du langfristige Wettbewerbsvorteile schaffst.

Die Rolle des Einkaufs im Innovations-prozess

Innovation wird oft mit Forschung und Entwicklung (F&E) oder der Produktentwicklung in Verbindung gebracht. Doch der Einkauf ist der Bereich, der die Türen zu neuen Ideen öffnen kann. Warum? Weil er:
- direkten Zugang zu Lieferanten hat, die häufig Innovationstreiber sind,
- Trends und Marktentwicklungen frühzeitig erkennen kann,
- durch sein Netzwerk neue Lösungen und Technologien identifizieren kann.

Ein strategischer Einkäufer denkt also nicht nur in Preisverhandlungen, sondern fragt:

- „Welche innovativen Lösungen kann mein Lieferant bieten?"
- „Wie können wir gemeinsam neue Wege gehen, um unsere Ziele zu erreichen?"

Merke: Innovation beginnt dort, wo du den Einkauf nicht nur als Kostenfaktor, sondern als Gestalter wahrnimmst.

Der Weg zur Innovation – Schritt für Schritt

Schritt 1: Innovationspotenziale erkennen

Deine Lieferanten sind oft näher am Marktgeschehen und den neuesten Technologien als dein eigenes Unternehmen. Baue deshalb einen regelmäßigen Dialog auf, um Innovationspotenziale zu identifizieren:

- Führe **Innovationsgespräche** mit deinen wichtigsten Lieferanten.
- Frage gezielt nach Trends, Technologien und neuen Materialien.
- Analysiere: Welche Lieferanten haben Innovationskraft und bringen frische Ideen mit?

Beispiel: Ein Einkäufer der Automobilindustrie erkannte durch enge Zusammenarbeit mit seinem Lieferanten ein neues, leichteres Material, das die Produktionskosten senkte und die CO_2-Emissionen verringerte.

Schritt 2: Innovationspartnerschaften aufbauen

- Verstehe Lieferanten als Partner, nicht nur als Anbieter.
- Schaffe Vertrauen durch klare Kommunikation und langfristige Verträge.
- Starte **Co-Creation-Projekte**, in denen ihr gemeinsam innovative Lösungen entwickelt.

Tipp: Organisiere regelmäßig **Workshops** oder Innovationsmeetings, in denen konkrete Herausforderungen gemeinsam mit Lieferanten bearbeitet werden.

Schritt 3: Innovationskultur etablieren

Innovation entsteht nicht durch Zufall, sondern durch eine Kultur, die Offenheit und Kreativität fördert:

- Schaffe in deinem Unternehmen Bewusstsein für die Rolle des Einkaufs als Innovationsförderer.
- Setze Anreize für Lieferanten, ihre besten Ideen einzubringen (z. B. Innovationspreise oder Exklusivpartnerschaften).
- Belohne auch intern mutige und kreative Ansätze.

Fallstudie: Wie Innovation im Einkauf einen Wettbewerbsvorteil schuf

Problem

Ein mittelständischer Hersteller von Maschinenkomponenten kämpfte mit steigenden Rohstoffkosten und wachsenden Qualitätsanforderungen. Die bestehenden Materialien waren zu schwer und zu teuer, und die Konkurrenz holte auf.

Lösungsweg

Der Einkauf initiierte ein Innovationsprojekt mit einem langjährigen Lieferanten. Gemeinsam entwickelten sie:
- **Ein neues Verbundmaterial**, das leichter und stabiler war.
- Eine Optimierung der Fertigungsprozesse, um Kosten zu senken.

In mehreren Workshops wurde das Material getestet und verbessert, während beide Seiten transparent zusammenarbeiteten.

Ergebnis

- Die Materialkosten wurden um 15 % gesenkt.
- Das Endprodukt war 20 % leichter – ein Vorteil, den die Kunden sofort spürten.
- Das Unternehmen konnte neue Kunden gewinnen und sich als Innovationsführer positionieren.

Erkenntnis

Innovation braucht Kooperation, Mut und eine klare Strategie.

Praxisaufgabe: Innovationspotenziale in deinem Einkauf freilegen

Ziel

Diese Aufgabe hilft dir, Innovationsmöglichkeiten in deinem Einkauf zu entdecken und erste Schritte zu planen.

Schritt 1: Identifiziere Innovationschancen

- Liste deine Top-5-Lieferanten auf.
- Beurteile: Welche dieser Lieferanten haben Innovationskraft? Wer hat in der Vergangenheit bereits innovative Ansätze geliefert?

Schritt 2: Plane ein Innovationsgespräch

Wähle einen Lieferanten aus und vereinbare ein Treffen, um gezielt Innovationspotenziale zu besprechen:

- Welche neuen Technologien oder Lösungen sehen sie für die Zukunft?
- Wie können wir gemeinsam Innovationen entwickeln?

Schritt 3: Starte ein Innovationsprojekt

Definiere gemeinsam mit deinem Lieferanten ein Ziel (z. B. Kostensenkung, Materialoptimierung) und erstelle:

• Einen klaren Projektplan mit Meilensteinen.
• Regelmäßige Feedback- und Fortschrittsmeetings.

Essenz

Innovation ist der Schlüssel zur Zukunft. Der Einkauf hat die Macht, Innovationen voranzutreiben und Unternehmen zukunftsfähig zu machen. Wenn du Lieferanten als Partner siehst und aktiv nach neuen Lösungen suchst, wirst du nicht nur Kosten reduzieren, sondern Wettbewerbsvorteile schaffen, die dein Unternehmen nachhaltig voranbringen.

Denke daran: Innovation beginnt mit dir. Sei mutig, sei offen und sei bereit, gemeinsam mit deinen Lieferanten neue Wege zu gehen. Damit machst du den Einkauf zu dem, was er sein sollte – ein Motor für Erfolg und Zukunft.

Interkulturelle Kompetenz im Einkauf – Wie du in einem globalen Umfeld kulturelle Hürden meisterst und erfolgreich international verhandelst

Einleitung:
Zwei Welten, ein Ziel

Stell dir vor, du betrittst einen Verhandlungsraum in Shanghai. Vor dir sitzen deine chinesischen Geschäftspartner, ruhig und freundlich, aber ihre Mienen sind undurchschaubar. Du hast alles vorbereitet – Zahlen, Argumente, Lösungsansätze. Du beginnst, deine Punkte zu präsentieren, so wie du es gewohnt bist. Nach einiger Zeit bemerkst du jedoch, dass der Raum still bleibt. Keine Rückfragen, kaum Reaktionen. Dein Herz schlägt schneller:

Was mache ich falsch?

Was du nicht wusstest: In der chinesischen Geschäftskultur signalisiert Schweigen nicht Desinteresse, sondern Respekt und Nachdenklichkeit. Was in deinem Umfeld als Unsicherheit gewertet würde, bedeutet hier einfach, dass man deine Worte verarbeitet.

Der globale Einkauf führt dich tagtäglich in solche Situationen. Erfolgreich bist du nicht nur, wenn du die besten Preise und Konditionen erzielst, sondern wenn du es schaffst, **Brücken zwischen Kulturen zu bauen**. Denn internationale Verhandlungen folgen oft ganz anderen Regeln. Wer sie kennt, öffnet die Tür zu Vertrauen, langfristigen Partnerschaften und gemeinsamen Erfolgen.

Warum interkulturelle Kompetenz der Schlüssel zum Erfolg ist

In der heutigen globalisierten Wirtschaft verhandelst du nicht mehr nur mit lokalen Lieferanten. Deine Partner sitzen in China, Indien, den USA oder Brasilien. Jedes Land bringt eigene Werte, Normen und Verhaltensweisen mit.

Ohne kulturelles Verständnis:
• entstehen Missverständnisse,
• gehen Chancen verloren,
• scheitern Verhandlungen, die eigentlich erfolgreich hätten sein können.

Mit interkultureller Kompetenz:
• baust du Vertrauen auf,
• überzeugst du durch Respekt und Verständnis,
• schaffst du Win-Win-Lösungen, die nachhaltig sind.

Der moderne Einkäufer ist nicht nur Verhandler – er ist **Dolmetscher zwischen den Kulturen.** Je besser du die kulturellen Spielregeln verstehst, desto erfolgreicher wirst du auf globalem Parkett agieren.

Die größten interkulturellen Hürden und wie du sie meisterst

Kommunikation: Zwischen Direktheit und Höflichkeit
• In westlichen Kulturen wie Deutschland oder den USA ist Kommunikation direkt. Probleme werden klar benannt, und „Nein" bedeutet „Nein".
• In asiatischen Kulturen wie Japan oder China ist Kommunikation oft indirekt. Ein „Ja" kann bedeuten: „Ich höre zu" – nicht unbedingt „Ich stimme zu."

Lösung:
• Lerne, zwischen den Zeilen zu lesen.
• Stelle präzise Nachfragen, um Missverständnisse zu vermeiden: „Habe ich Sie richtig verstanden, dass...?"
• Achte auf Körpersprache und nonverbale Signale.

Zeitverständnis: Pünktlichkeit oder Flexibilität?

- In Ländern wie Deutschland und der Schweiz steht Pünktlichkeit für Professionalität. Ein Termin beginnt genau um 9:00 Uhr.
- In südamerikanischen oder arabischen Ländern ist Zeit flexibler. Ein „kleine Verzögerung" gehört zur Tagesordnung.

Lösung:
- Plane Zeitpuffer ein, um Stress zu vermeiden.
- Sei flexibel und zeige Geduld, ohne deine eigenen Fristen aus den Augen zu verlieren.

Hierarchien: Wer trifft die Entscheidungen?

- In skandinavischen Ländern oder den Niederlanden sind Strukturen flach. Entscheidungen werden gemeinschaftlich getroffen.
- In asiatischen oder arabischen Ländern gibt es oft klare Hierarchien. Entscheider sind meist ältere, ranghöhere Personen.

Lösung:
- Achte darauf, wer wirklich die Entscheidungsgewalt hat.
- Respektiere hierarchische Strukturen und richte deine Kommunikation an die richtigen Personen.

Beziehungen: Geschäftlich oder persönlich?

- In westlichen Kulturen trennen wir Berufliches und Privates oft strikt.
- In China, Indien oder dem Nahen Osten sind persönliche Beziehungen die Grundlage für erfolgreiche Geschäftsbeziehungen.

Lösung:
- Investiere Zeit in den Aufbau von Vertrauen. Ein gemeinsames Essen oder persönliche Gespräche sind oft genauso wichtig wie der Vertragsabschluss.

Die Metapher:
Der Einkäufer als Brückenbauer

Stell dir vor, jede Kultur ist wie eine Insel. Du als Einkäufer bist der Brückenbauer. Du musst nicht nur wissen, wie jede Insel aussieht, sondern auch, wie du eine stabile Verbindung schaffst. Eine Brücke, die aus Verständnis, Respekt und Anpassungsfähigkeit gebaut ist.

„Kulturelle Kompetenz ist das Fundament dieser Brücke. Ohne sie stürzt sie ein."

Fallstudie:
Eine erfolgreiche Verhandlung in China

Ausgangssituation

Ein deutsches Unternehmen wollte einen großen Auftrag mit einem chinesischen Zulieferer abschließen. Die Zahlen waren gut, doch die Verhandlungen liefen schleppend. Der Einkäufer merkte, dass er nicht weiterkam.

Lösung

• Er entschied sich, die Kultur besser zu verstehen. Statt auf schnelle Ergebnisse zu drängen, nahm er sich Zeit, die chinesischen Partner bei gemeinsamen Abendessen kennenzulernen.
• Er erkannte, dass Beziehungen und Respekt wichtiger waren als ein schnelles Geschäft.

Ergebnis

Nach mehreren Wochen intensiver Gespräche wurde der Vertrag unterzeichnet. Der Zulieferer bot dem Unternehmen sogar einen exklusiven Zugang zu einer neuen Technologie an – ein Zeichen des Vertrauens.

Praxisaufgabe: Deine interkulturelle Verhandlung vorbereiten

Schritt 1: Wähle ein Land aus
Denke an ein Land, mit dem du regelmäßig verhandelst oder verhandeln wirst.

Schritt 2: Recherchiere die Kultur
- Wie wird dort kommuniziert?
- Welche Rolle spielen Beziehungen?
- Wie wichtig sind Hierarchien und Pünktlichkeit?

Schritt 3: Plane deine Strategie
- Wie wirst du Vertrauen aufbauen?
- Wie passt du deinen Verhandlungsstil an?

Essenz

Im Einkauf agierst du auf internationalem Parkett. Mit interkultureller Kompetenz verwandelst du kulturelle Unterschiede von Hindernissen in Chancen. Du wirst nicht nur erfolgreicher verhandeln, sondern auch langfristige Beziehungen aufbauen, die deinem Unternehmen einen echten Vorteil verschaffen. Der erfolgreiche Einkäufer von heute ist mehr als ein Verhandler. Er ist ein Brückenbauer, ein Dolmetscher und ein Gestalter von Beziehungen, die weit über Ländergrenzen hinausreichen.

Change Management im Einkauf – Wie du Veränderungen in Einkaufsprozessen erfolgreich begleitest und Widerstände überwindest

Einleitung: Veränderung ist der neue Alltag im Einkauf

Die Welt des Einkaufs hat sich in den letzten Jahren rasant verändert: Digitalisierung, globale Lieferketten, Nachhaltigkeitsanforderungen und neue Technologien fordern uns täglich heraus. In den bisherigen Kapiteln hast du bereits erfahren, wie wichtig Innovation, Lieferantenbeziehungen, Risikomanagement und der Mensch im Zentrum des Einkaufs sind. Doch all diese Elemente funktionieren nur, wenn du eine Veränderungsbereitschaft in deinem Team und deinen Prozessen schaffst.

Veränderung ist nicht das Problem – der Widerstand dagegen ist es. Prozesse und Strukturen „wie sie schon immer waren" sind bequem, doch sie hindern uns daran, **besser zu werden**. Ein erfolgreicher Einkäufer ist daher nicht nur Verhandler oder Zahlenjongleur, sondern auch ein **Change Leader**: jemand, der Menschen durch Veränderung führt, sie inspiriert und dabei Widerstände überwindet.

Dieses Kapitel zeigt dir, wie du Change Management im Einkauf erfolgreich umsetzt. Denn eines ist sicher: Veränderung ist unausweichlich. Die Frage ist nur, wie du sie gestaltest.

Warum Veränderung im Einkauf notwendig ist

Stillstand bedeutet Rückschritt. Der Einkauf steht heute vor großen Herausforderungen:
- **Technologische Umbrüche:** Digitale Tools, künstliche Intelligenz und automatisierte Prozesse verändern die Art, wie wir arbeiten.

- **Globale Lieferketten:** Flexibilität und Anpassungsfähigkeit sind gefragt, um auf Krisen wie Lieferausfälle zu reagieren.
- **Nachhaltigkeit:** Einkäufer müssen verantwortungsvoll handeln und neue Standards integrieren.

Ohne den Willen zur Veränderung riskierst du:
- veraltete Prozesse, die Zeit und Geld kosten,
- Fehlentscheidungen durch mangelnde Datenanalyse,
- den Verlust von Wettbewerbsfähigkeit.

Ein Einkäufer, der Change Management beherrscht, nutzt diese Herausforderungen als Chancen: **Er wird zum Gestalter des Wandels.**

Die größten Widerstände im Change-Prozess – und wie du sie überwindest

Veränderung stößt oft auf Skepsis. Hier sind die häufigsten Widerstände und deine Lösungen:

„Es funktioniert doch alles gut, warum etwas ändern?"

Problem: Gewohnte Prozesse fühlen sich sicher an. Veränderung bedeutet Unbekanntes und bringt Unsicherheit.

Lösung:
- Erkläre das „Warum" hinter der Veränderung: Was passiert, wenn wir NICHT handeln?
- Zeige konkrete Vorteile: „Mit dem neuen System sparen wir 20 Stunden pro Woche – Zeit, die wir für strategische Aufgaben nutzen können."

Angst vor Überforderung

Problem: Mitarbeitende fürchten, dass sie die neuen Anforderungen nicht bewältigen können.

Lösung:

- Biete gezielte Schulungen und Unterstützung an.
- Schaffe eine offene Fehlerkultur: Fehler sind Teil des Lernprozesses.

„Das neue System ist kompliziert und bringt mehr Arbeit."

Problem: Zu Beginn fühlen sich neue Tools oder Prozesse oft wie ein zusätzlicher Aufwand an.

Lösung:

- Implementiere Veränderungen schrittweise in kleinen Etappen.
- Feiere kleine Erfolge und zeige, wie die Veränderung das Leben langfristig erleichtert.

Die 5 Schritte des erfolgreichen Change Managements

Schritt 1: Vision schaffen und kommunizieren
Der erste Schritt ist immer eine klare Vision:

- Was willst du ändern?
- Warum ist diese Veränderung wichtig?
- Wie sieht das Ergebnis aus, wenn die Veränderung erfolgreich umgesetzt wurde?

Tipp: Sprich die Sprache deines Teams und mache die Vorteile greifbar: „Durch die Automatisierung der Bestellprozesse sparen wir nicht nur Zeit, sondern auch Nerven."

Schritt 2: Schlüsselpersonen einbinden
Identifiziere „Change Champions" – Menschen, die bereit sind, den Wandel voranzutreiben. Das können erfahrene Kolleginnen oder Kollegen sein, die als Multiplikatoren fungieren.

Beispiel: Ein erfahrener Einkäufer, der früh das Potenzial eines neuen Tools erkennt, wird andere davon überzeugen.

Schritt 3: Betroffene zu Beteiligten machen
Menschen akzeptieren Veränderungen eher, wenn sie Teil des Prozesses sind:

- Hole Feedback zu neuen Prozessen oder Tools ein.
- Beziehe das Team in Entscheidungen ein.

Zitat: „Wer mitgestaltet, wird die Veränderung nicht nur akzeptieren, sondern aktiv vorantreiben."

Schritt 4: Schulung und Unterstützung anbieten
Stelle sicher, dass jeder im Team die nötigen Fähigkeiten und das Wissen hat, um die Veränderung erfolgreich umzusetzen.

- Biete Schulungen an.
- Stehe für Fragen und Unsicherheiten bereit.

Tipp: Nutze praxisnahe Trainings und konkrete Anwendungsbeispiele.

Schritt 5: Erfolge messen und sichtbar machen
Veränderung braucht sichtbare Ergebnisse, um Akzeptanz zu schaffen:

- Setze klare Ziele und überprüfe regelmäßig den Fortschritt.
- Kommuniziere Erfolge im Team und feiere sie gemeinsam.

Beispiel: „Seit der Einführung des digitalen Lieferantenmanagements haben wir unsere Fehlerquote um 30 % reduziert."

Fallstudie:
Ein mittelständisches Unternehmen im Wandel

Ausgangssituation

Ein mittelständisches Unternehmen führte ein neues Beschaffungs-system ein, um manuelle Prozesse zu digitalisieren. Anfangs war das Team skeptisch: „Das alte System funktioniert doch."

Lösung

- Die Führung kommunizierte offen, warum die Veränderung not-wendig war.
- Ein „Change-Team" wurde gebildet, das Fragen beantwortete und Schulungen durchführte.
- Erste Erfolge wurden sichtbar gemacht: Zeitersparnis, weniger Fehler und bessere Datenqualität.

Ergebnis

Nach anfänglichem Widerstand nahm das Team die Veränderung an. Die Produktivität stieg um 20 %, und die Mitarbeiter lobten die Ent-lastung im Alltag.

Praxisaufgabe:
Dein Change-Prozess im Einkauf

Ziel

Diese Aufgabe hilft dir, einen strukturierten Change-Prozess zu pla-nen.

Schritt 1: Identifiziere eine notwendige Veränderung in deinem Einkaufsprozess.

Schritt 2: Erstelle eine klare Vision: Warum ist der Wandel wichtig?

Schritt 3: Plane konkrete Maßnahmen, um dein Team einzubinden.

Schritt 4: Definiere Meilensteine und lege fest, wie Erfolge sichtbar gemacht werden.

Essenz

Veränderung ist der Weg zu Wachstum und Erfolg. Change Management bedeutet, Wandel aktiv zu gestalten. Als Einkäufer hast du die Möglichkeit, Veränderung nicht nur zu managen, sondern zu inspirieren. Du wirst zum **Treiber des Fortschritts**, der das Team mitnimmt, Widerstände überwindet und den Wandel zu einem Erfolg macht.

„Veränderung ist nicht das Ende, sondern der Anfang von etwas Besserem."

Stakeholder-Management im Einkauf – Wie du interne und externe Stakeholder für deinen Erfolg gewinnst

Einleitung:
Der Einkauf als Drehscheibe des Erfolgs

Stell dir vor, du bist der Kapitän eines großen Schiffes, das auf Erfolgskurs segeln soll. Dein Ziel ist klar: Optimale Ergebnisse im Einkauf erreichen, Kosten senken, Qualität sichern und Innovationen vorantreiben. Doch allein wirst du dieses Ziel nicht erreichen. Du brauchst eine Mannschaft – ein Team aus internen und externen Partnern, die dich unterstützen und das gleiche Ziel verfolgen. Diese Partner sind deine Stakeholder, und ihre Unterstützung ist entscheidend dafür, ob das Schiff seine Route hält oder in stürmischen Gewässern kentert.

Im Einkauf bist du der Brückenbauer, der alle Interessen zusammenführt. Intern verhandelst du mit der Geschäftsführung, der Produktion oder der IT. Extern arbeitest du mit Lieferanten, Dienstleistern und Partnern zusammen. Jeder von ihnen hat unterschiedliche Erwartungen und Ziele. Deine Aufgabe ist es, diese Interessen zu verstehen, zu steuern und alle auf ein gemeinsames Ziel auszurichten: Erfolg im Einkauf.

In diesem Kapitel zeige ich dir Schritt für Schritt, wie du Stakeholder-Management zu einem deiner wichtigsten Werkzeuge machst – und so den Einkauf als strategischen Erfolgsfaktor positionierst. Denn wahre Meister im Einkauf wissen: Du erreichst Großes nicht allein, sondern durch die Zusammenarbeit mit anderen.

Warum Stakeholder–Management entscheidend ist

Erfolgreicher Einkauf hängt nicht nur von deiner Fachkompetenz ab, sondern davon, wie gut du es schaffst, andere für deine Ziele zu gewinnen. Ob du eine neue Software einführst, Lieferanten optimierst oder eine Nachhaltigkeitsstrategie umsetzt – du wirst immer Menschen brauchen, die dich unterstützen.

Die Vorteile eines guten Stakeholder-Managements:
- Akzeptanz für Veränderungen: Stakeholder, die informiert und einbezogen werden, leisten weniger Widerstand.
- Bessere Ergebnisse: Zusammenarbeit führt zu kreativeren Lösungen und besseren Entscheidungen.
- Langfristige Partnerschaften: Vertrauen und Kooperation entstehen durch aktives Einbinden aller Beteiligten.

Ohne gutes Stakeholder-Management riskierst du:
- Blockaden und Widerstand aus anderen Abteilungen,
- schlechte Zusammenarbeit mit Lieferanten,
- verzögerte Projekte und verpasste Chancen.

Der Einkauf ist die zentrale Schnittstelle im Unternehmen – du bist derjenige, der alle zusammenbringt.

Wer sind deine Stakeholder?

Stakeholder sind alle, die von deinen Entscheidungen betroffen sind oder Einfluss darauf haben. Sie lassen sich in zwei Gruppen unterteilen:

Interne Stakeholder
- Geschäftsführung: Fokus auf Ergebnisse und Zahlen.
- Produktion: Erwartet schnelle Materialverfügbarkeit und Qualität.
- IT: Steuert digitale Einkaufsprozesse.
- Controlling: Achtet auf Kosten und Budgeteinhaltung.

Externe Stakeholder
- Lieferanten: Wollen Vertrauen, langfristige Verträge und faire Bedingungen.
- Dienstleister: Arbeiten an unterstützenden Prozessen (Logistik, IT).
- Behörden und Zertifizierer: Wachen über Compliance und Standards.

Die 5 Schritte für erfolgreiches Stakeholder-Management

Schritt 1: Stakeholder identifizieren
Erstelle eine Liste aller relevanten Stakeholder. Frage dich:

- Wer hat Einfluss auf mein Projekt?
- Wer könnte Widerstand leisten?
- Wer könnte mich unterstützen?

Stakeholder	Erwartungen	Priorität
Geschäftsführung	Kosteneinsparungen, Effizienz	Hoch
Produktion	Termintreue, Qualität	Mittel
Lieferanten	Transparenz, Vertrauen	Hoch

Schritt 2: Interessen verstehen und analysieren
- Finde heraus, welche Ziele deine Stakeholder verfolgen und welche Bedenken sie haben.
- Setze dich in ihre Lage: Was motiviert sie? Welche Vorteile bringt ihnen dein Vorhaben?

Schritt 3: Strategie entwickeln – So gewinnst du deine Stakeholder
- Kommunikation: Informiere klar, frühzeitig und regelmäßig.
- Überzeugung: Nutze Argumente, die auf die Interessen der Stakeholder zugeschnitten sind.
- Einbindung: Mache sie zu Beteiligten statt Betroffenen. Hole Feedback und Anregungen ein.

Beispiel: Wenn du eine digitale Einkaufsplattform einführst, erkläre der Geschäftsführung die Kostenvorteile, zeige der Produktion, wie sie Zeit spart, und biete der IT konkrete Schnittstellenlösungen an.

Schritt 4: Vertrauen aufbauen – intern und extern
- Intern: Zeige, dass du die Ziele der Abteilungen verstehst. Werde zum „Business Partner" auf Augenhöhe.
- Extern: Baue langfristige Partnerschaften zu Lieferanten auf. Transparenz und Fairness schaffen Vertrauen.

Schritt 5: Erfolge sichtbar machen
- Kommuniziere Meilensteine und erreichte Ergebnisse.
- Präsentiere konkrete Erfolge, z. B. „Durch die neuen Lieferantenverträge sparen wir 20 % der Kosten und verkürzen die Lieferzeiten um zwei Wochen."

Fallstudie:
Wie Stakeholder-Management ein Projekt zum Erfolg führte

Ausgangssituation

Ein Unternehmen wollte ein neues Lieferantenbewertungssystem einführen. Der Einkauf sah darin eine Chance zur Effizienzsteigerung, doch die Produktion und das Controlling waren skeptisch.

Lösung

- Stakeholder identifizieren: Produktion, Controlling und IT wurden als Schlüsselakteure erkannt.
- Interessen verstehen: Die Produktion wollte keine Verzögerungen, das Controlling verlangte messbare Erfolge.
- Strategie entwickeln: Es wurden Workshops organisiert, um die Vorteile des neuen Systems zu präsentieren.
- Vertrauen aufbauen: Das Team wurde aktiv in den Prozess eingebunden.

- Erfolge sichtbar machen: Nach Einführung des Systems wurden Effizienzsteigerungen und Kosteneinsparungen kommuniziert.

Ergebnis

Alle Stakeholder arbeiteten zusammen, und das Projekt wurde ein Erfolg.

Praxisaufgabe:
Dein persönlicher Stakeholder-Plan

Schritt 1: Liste deine internen und externen Stakeholder auf.

Schritt 2: Analysiere ihre Erwartungen und Interessen.

Schritt 3: Plane gezielte Maßnahmen zur Einbindung und Kommunikation.

Schritt 4: Überlege, wie du Erfolge sichtbar machen kannst.

Essenz

Stakeholder-Management – Dein Schlüssel zum Erfolg. Erfolg im Einkauf entsteht nicht im Alleingang. Du brauchst die Unterstützung und das Vertrauen deiner internen und externen Partner. Mit gezieltem Stakeholder-Management schaffst du es, alle auf deine Seite zu ziehen, Widerstände abzubauen und gemeinsam große Ziele zu erreichen.

Denn: „Ein erfolgreicher Einkäufer verbindet Menschen, Interessen und Ziele zu einer gemeinsamen Vision – und das macht den Unterschied aus."

Der Kern des Erfolgs – Die Essenz des Einkaufs

Einleitung:
Was bleibt? Die Essenz des Einkaufs

Der Einkauf ist mehr als Zahlen, Verhandlungen und Vertragsmanagement. Er ist eine Kunst, die technische Expertise, strategisches Denken und menschliche Fähigkeiten miteinander vereint. Nach den vielen Facetten und Herausforderungen, die wir in diesem Buch betrachtet haben, stellt sich die entscheidende Frage: Was bleibt? Was ist die Essenz des Einkaufs?

Am Ende zählt nicht nur das „Was" – also die Werkzeuge, Strategien und Prozesse, die wir nutzen –, sondern vor allem das „Wie" und das „Wer". Der Einkäufer selbst, seine Persönlichkeit, sein Engagement und seine Fähigkeit, Menschen und Ziele zu verbinden, machen den Unterschied. Dieses Kapitel fasst die wichtigsten Erkenntnisse zusammen, gibt praktische Werkzeuge an die Hand und lädt zur Reflexion ein: Wie kann ich als Einkäufer wachsen und meine persönliche Erfolgsgeschichte schreiben?

Thema:
Die wichtigsten Erkenntnisse und warum der Mensch den Unterschied macht

Nach den bisherigen Kapiteln lassen sich drei zentrale Prinzipien der Einkaufsessenz herausfiltern:

1. Der Mensch als Schlüssel zum Erfolg
Im Zentrum eines jeden Einkaufsprozesses stehen Menschen. Lieferanten, Stakeholder und Kollegen haben individuelle Bedürfnisse,

Ziele und Herausforderungen. Der Einkäufer ist die Brücke, die all diese Interessen miteinander verbindet.

- **Empathie und Verständnis:** Ein erfolgreicher Einkäufer versteht die Perspektiven anderer und bringt scheinbar widersprüchliche Interessen in Einklang. Beispiel: Ein Lieferant hat Schwierigkeiten, Deadlines einzuhalten. Ein empathischer Einkäufer versteht die Gründe und arbeitet gemeinsam an einer Lösung, anstatt nur auf Vertragsstrafen zu pochen.

- **Beziehungsmanagement:** Langfristige Beziehungen sind der Schlüssel zu stabilen Lieferketten und nachhaltigem Erfolg. Vertrauen, Respekt und regelmäßige Kommunikation sind essenziell.

- **Integrität und Authentizität:** Der Einkäufer ist das Gesicht des Unternehmens nach außen. Authentisches Auftreten und ein hoher moralischer Standard schaffen Glaubwürdigkeit.

2. Strategie und Daten als Fundament

Der Einkauf basiert nicht nur auf Bauchgefühl. Daten und Strategie sind die Werkzeuge, mit denen ein Einkäufer Entscheidungen trifft, die sowohl kurzfristig als auch langfristig zum Erfolg führen.

- **Strategisches Denken:** Der Blick auf das große Ganze ist entscheidend. Ein Einkäufer muss die Unternehmensziele verstehen und sie in konkrete Einkaufsstrategien übersetzen. Beispiel: Wenn das Unternehmen nachhaltiger werden möchte, muss der Einkäufer nachhaltige Lieferanten identifizieren und partnerschaftlich einbinden.

- **Datengetriebene Entscheidungen:** Digitale Tools und Technologien helfen, Risiken frühzeitig zu erkennen, Chancen zu nutzen und fundierte Entscheidungen zu treffen. Beispiel: Die Analyse von Lieferantenbewertungen und Markttrends ermöglicht es, zuverlässige und innovative Partner zu identifizieren.

- **Prozesse optimieren:** Effizienz ist ein entscheidender Faktor. Automatisierung und standardisierte Abläufe schaffen Zeit für strategische Aufgaben.

3. *Führung und Inspiration*

Ein Einkäufer ist nicht nur ein Einzelkämpfer, sondern oft auch ein Leader, der sein Team inspiriert und leitet. Diese Führungsrolle erfordert klare Visionen und die Fähigkeit, andere zu motivieren.

- **Vision entwickeln:** Ein Leader zeigt nicht nur, was zu tun ist, sondern auch, warum es wichtig ist. Er inspiriert sein Team, über sich hinauszuwachsen.

- **Verantwortung übernehmen:** Erfolge feiern, aber auch Verantwortung für Misserfolge übernehmen – das ist echte Führung.

- **Mitarbeiter fördern:** Ein Leader sieht das Potenzial in seinen Teammitgliedern und unterstützt sie, es zu entfalten.

Metapher:
Der Einkäufer als Dirigent

Ein Einkäufer ist wie ein Dirigent in einem großen Orchester. Jeder Musiker repräsentiert einen Teil des Einkaufs: Lieferanten, Stakeholder, Daten und Technologien. Der Einkäufer bringt diese unterschiedlichen Elemente zusammen, sorgt dafür, dass sie harmonieren, und erschafft etwas Großartiges.

- **Das Orchestermaterial kennen:** Ein guter Dirigent kennt die Ziele des Stücks. Ein Einkäufer versteht die Unternehmensziele und weiß, wie er sie in der Praxis umsetzt.

- **Die Musiker inspirieren:** Der Dirigent gibt nicht nur Anweisungen, sondern motiviert und leitet sein Orchester. Ebenso schafft der Einkäufer eine Kultur der Zusammenarbeit und des Engagements.

- **Den Takt vorgeben:** Timing ist entscheidend. Ob es um Vertragsverhandlungen, Lieferantenmanagement oder interne Abstimmungen geht – der Einkäufer sorgt dafür, dass alles zur richtigen Zeit am richtigen Ort ist.

Abschlussaufgabe: Reflektiere und plane – Wie kann ich als Einkäufer wachsen?

Diese Abschlussaufgabe lädt dich dazu ein, das Gelernte zu reflektieren und in einen persönlichen Entwicklungsplan zu übersetzen.

1. Reflexion: Was habe ich gelernt?
- Welche Kapitel dieses Buches haben dich am meisten inspiriert?
- Was waren deine wichtigsten Aha-Momente?
- Welche Fähigkeiten möchtest du in deinen Alltag integrieren?

2. Selbstbewertung: Wo stehe ich heute?
- **Stärken:** Was mache ich besonders gut? (z. B. Verhandlungen, Beziehungsmanagement, strategisches Denken)
- **Schwächen:** Wo sehe ich Verbesserungspotenzial? (z. B. Digitalisierung, Risikomanagement, Führung)
- **Erfolge:** Auf welche beruflichen Erfolge bin ich besonders stolz

3. Ziele setzen: Wo will ich hin?
- **Kurzfristig:** Was möchte ich innerhalb des nächsten Jahres erreichen? (z. B. ein digitales Tool einführen, Beziehungen zu Lieferanten verbessern)

- **Mittelfristig:** Welche Fähigkeiten möchte ich in den nächsten drei Jahren entwickeln? (z. B. Führungskompetenzen, Nachhaltigkeitsstrategien)
- **Langfristig:** Wie stelle ich mir meinen beruflichen Werdegang vor? (z. B. Leitung einer Einkaufsabteilung, Aufbau eines innovativen Netzwerks)

4. Maßnahmen planen: Wie erreiche ich meine Ziele?

- **Weiterbildung:** Welche Schulungen, Bücher oder Mentorenschaften könnten dich unterstützen?
- **Netzwerken:** Welche Kontakte und Ressourcen können dir helfen?
- **Erfolg messen:** Welche Indikatoren zeigen dir, ob du Fortschritte machst? (z. B. KPIs, Feedback)

Die Essenz des Einkaufserfolgs

Die Essenz des Einkaufserfolgs liegt im Menschen. Werkzeuge, Technologien und Strategien sind wertvoll – doch sie sind nur so gut wie der Einkäufer, der sie nutzt. Die Persönlichkeit, die Werte und die Haltung eines Einkäufers entscheiden darüber, ob er lediglich Verwalter oder ein echter Gestalter ist.

Ein guter Einkäufer verbindet Menschen, Ziele und Ressourcen zu einem harmonischen Ganzen – wie ein Dirigent, der mit Leidenschaft und Präzision eine meisterhafte Symphonie erschafft. Jetzt liegt es an dir, deinen eigenen Weg als Einkäufer zu gestalten, zu wachsen und die Essenz des Einkaufs in deinem Alltag zu leben.

Danksagung

Ein Buch wie dieses ist das Ergebnis vieler Erfahrungen, Einsichten und vor allem der Unterstützung zahlreicher Menschen, die meinen Weg geprägt haben. Es ist mir ein tiefes Bedürfnis, all jenen zu danken, die mich in meiner Karriere und meinem Leben begleitet, gefördert und inspiriert haben.

Zunächst möchte ich meinen Mentoren, Begleitern und Coaches danken, die mich mit ihrem Wissen, ihrer Geduld und ihrer Weitsicht geleitet haben. Ihr habt mir gezeigt, wie wichtig es ist, kontinuierlich zu lernen, und mich ermutigt, meinen eigenen Weg zu finden. Eure Ratschläge und euer Vorbild haben nicht nur meine beruflichen Fähigkeiten geschärft, sondern auch meine Persönlichkeit geformt.

Ein weiterer Dank gilt meinen Chefs, die mich gefordert und gefördert haben. Ihr Vertrauen in meine Fähigkeiten und eure Bereitschaft, mir Verantwortung zu übertragen, haben mir geholfen, über mich hinauszuwachsen.

Auch meinen Freunden möchte ich danken, die in den Momenten, in denen ich innehalten musste, immer ein offenes Ohr und ermutigende Worte hatten. Ihr habt mich daran erinnert, dass Erfolg nicht nur in der Arbeit, sondern auch im Leben selbst liegt.

Von Herzen danke ich meiner Familie, die immer an meiner Seite stand. Ihr wart meine größte Stärke, mein Rückhalt und meine Inspiration. Eure Geduld, euer Verständnis und eure Liebe haben es mir ermöglicht, meinen Weg mit Zuversicht zu gehen. Meiner Frau und meinen Kindern danke ich besonders – für eure bedingungslose Unterstützung, die mich Tag für Tag antreibt.

Dieses Buch ist ein Spiegel meiner Reise, und ohne euch alle wäre es nicht möglich gewesen. Danke, dass ihr an meiner Seite seid – beruflich und privat. Ich widme dieses Buch all jenen, die den Einkauf genauso lieben wie ich und die bereit sind, Großes zu bewegen.

Angebote

- Unternehmensberatung im Bereich Einkauf
- Einkaufstraining
- Inhouse Seminare
- Verhandlungsunterstützung
- Vorträge

Jetzt anfragen!
Web: www.se-consulting-ettwein.com
E-Mail: steffen.ettwein@se-consulting-ettwein.com